Workbook and Audio Activities

GLENCOE FRENCH 1B

Bon voyage!

Conrad J. Schmitt
Katia Brillié Lutz

Mc Graw Hill **Glencoe**

New York, New York   Columbus, Ohio   Chicago, Illinois   Peoria, Illinois   Woodland Hills, California

Glencoe

The *McGraw·Hill* Companies

Send all inquiries to:
Glencoe/McGraw-Hill
8787 Orion Place
Columbus, OH 43240-4027

ISBN: 0-07-865629-X

Printed in the United States of America.

2 3 4 5 6 7 8 009 11 10 09 08 07 06 05

Contents

Workbook

Chapitre 8   L'aéroport et l'avion 79

Chapitre 9   La gare et le train 87

Chapitre 10   Les sports 95

Chapitre 11   L'été et l'hiver 105

Check-Up 115

Chapitre 12   La routine quotidienne 119

Chapitre 13   Les loisirs culturels 129

Chapitre 14   La santé et la médecine 139

Check-Up 149

Audio Activities

Chansons de France et de Nouvelle-France i

Chapitre 8   L'aéroport et l'avion A39

Chapitre 9   La gare et le train A44

Chapitre 10   Les sports A48

Chapitre 11   L'été et l'hiver A51

Chapitre 12   La routine quotidienne A56

Chapitre 13   Les loisirs culturels A60

Chapitre 14   La santé et la médecine A63

Workbook

Nom _____ Date _____

L'aéroport et l'avion

Vocabulaire Mots 1

1 À l'aéroport Identify each illustration.

1. _____ 2. _____ 3. _____

4. _____ 5. _____ 6. _____

2 Quel est le mot? Write another word or expression for each phrase below.

1. un vol qui arrive de Paris _____

2. un vol qui va à Paris _____

3. un vol qui commence et finit dans le même pays _____

4. un vol qui commence dans un pays et finit dans un autre pays

_____

3 Moi Give personal answers.

1. Tu prends souvent l'avion?

_____

2. Tu fais enregistrer tes bagages ou tu prends tout avec toi?

_____

3. Tu préfères une place côté couloir ou côté fenêtre?

_____

Vocabulaire Mots 2

4 **À bord** Identify each illustration.

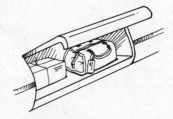

1. _____ 2. _____ 3. _____

4. _____ 5. _____ 6. _____

5 **Vrai ou faux?** Indicate whether each statement is true (**vrai**) or false (**faux**).

	vrai	faux
1.		
2.		
3.		
4.		
5.		

1. Avant de monter en avion, on passe par le contrôle de sécurité.

2. On sert un repas pendant un vol transatlantique.

3. On ramasse les plateaux après le repas.

4. Le pilote sert les repas.

5. Il faut mettre ses bagages dans le couloir.

6 **Quel verbe?** Choose the correct verb to complete each phrase.

passer enregistrer sortir remplir servir choisir attacher

1. _____ une place côté couloir

2. _____ par le contrôle de sécurité

3. _____ les bagages du coffre

4. _____ une carte de débarquement

5. _____ les bagages

6. _____ un repas

7. _____ sa ceinture de sécurité

Nom _____ Date _____

Structure Les verbes en -ir au présent

7 **Un voyage en avion** Complete with the indicated verb.

1. Romain et Christophe _____ un vol Air France. (choisir)

2. Quand Romain fait enregistrer ses bagages, il _____ aussi sa place. (choisir)

3. Pendant le voyage, les deux garçons ont faim. Ils _____ tout leur repas. (finir)

4. Après, ils _____ leur carte de débarquement. (remplir)

5. Leur avion _____ à New York à 2 h 45. (atterrir)

8 **Au pluriel** Rewrite each sentence in the plural.

1. Je choisis toujours un vol pendant la journée.

   _____

2. Le passager remplit sa carte de débarquement.

   _____

3. L'avion atterrit à l'heure.

   _____

4. Tu choisis toujours une place côté couloir?

   _____

5. Elle ne finit pas son repas.

   _____

9 **Quel nom?** Match the verbs in the left column with the nouns in the right column.

1. _____ finir   **a.** le remplissage
2. _____ choisir   **b.** un atterrissage
3. _____ remplir   **c.** la fin
4. _____ atterrir   **d.** une croyance
5. _____ voir   **e.** un choix
6. _____ croire   **f.** la vue

Quel et tout

10 **Céline et Aimé sortent.** Our friends don't know what to wear! Complete each blank with the correct form of **quel** followed by the item of clothing shown in the illustration.

1.   2.   3.   4.   5.

1. _____   4. _____

2. _____   5. _____

3. _____

6.   7.   8.   9.   10.

6. _____   9. _____

7. _____   10. _____

8. _____

11 **Tout l'avion** Complete with the appropriate form of **tout** and a definite article.

1. _____ cabine est non-fumeurs.

2. _____ personnel de bord est français.

3. _____ stewards sont très sympas.

4. _____ hôtesses de l'air sont sympas.

5. _____ places sont occupées.

6. _____ bagages sont dans les coffres.

Les verbes **sortir**, **partir**, **dormir** et **servir**

12 **En voyage** Rewrite each sentence in the singular.

1. Les passagers partent pour Montréal.

   _____

2. Nous partons pour l'aéroport à sept heures.

   _____

3. Pendant le vol, les stewards servent des boissons.

   _____

4. Les passagers ne dorment pas.

   _____

5. Et vous, vous dormez quand le vol est long?

   _____

6. Vous sortez vos bagages du coffre? Pourquoi?

   _____

13 **Quand vous sortez...** Give personal answers.

1. Vous sortez pendant la semaine? Quel(s) jour(s)?

   _____

2. Vous sortez pendant le week-end? Quel(s) jour(s)?

   _____

3. Quand vous sortez, vous sortez avec qui?

   _____

Les noms et adjectifs en -**al**

14 **Au pluriel** Rewrite in the plural.

1. un vol international _____

2. un journal _____

3. une organisation internationale _____

4. la ville principale _____

5. un parc municipale _____

Un peu plus

 A **Carte de débarquement** Fill out the following disembarkation card. Use the boarding pass to fill out #7.

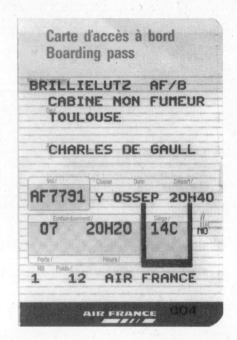

CARTE DE DÉBARQUEMENT
DISEMBARKATION CARD

ne concerne pas les voyageurs de nationalité française
ni les ressortissants des autres pays membres de la C.E.E.

1 Nom :
   NAME (en caractère d'imprimerie – please print)

   Nom de jeune fille :
   Maiden name

   Prénoms :
   Given names

2 Date de naissance :
   Date of birth   (quantième) (mois) (année) (day) (month) (year)

3 Lieu de naissance :
   Place of birth

4 Nationalité :
   Nationality

5 Profession :
   Occupation

6 Domicile :
   Address

7 Aéroport ou port d'embarquement :
   Airport or port of embarkation

La loi numéro 78-17 du 6 Janvier 1978 relative à l'informatique, aux fichiers et aux libertés
s'applique aux réponses faites à ce document. Elle garantit un droit d'accès et de rectification
pour les données vous concernant auprès du Fichier National Transfrontière - 27, Cours des
Petites Écuries - BP 188 - LOGNES - 77315 MARNE LA VALLÉE CEDEX. Les réponses
ont pour objet de permettre un contrôle par les services de police des flux de circulation avec
certains pays étrangers. Elles présentent un caractère obligatoire au sens de l'article 27 de
la loi précitée.

MOD. 00 30 00 03 00 Imp. Rbx 98

Carte d'accès à bord
Boarding pass

BRILLIELUTZ AF/B
CABINE NON FUMEUR
TOULOUSE

CHARLES DE GAULL

Vol/	Classe	Date	Départ/
AF7791	Y	05SEP	20H40

Embarquement/ 07 20H20 Siège/ 14C NO

Porte/ Heure/
NB Poids/ 1 12 AIR FRANCE

AIR FRANCE 004

B **Facile à comprendre!** You have already seen that French shares a lot of vocabulary with the other Romance languages derived from Latin. Look at the expressions below in Spanish, Italian, and Portuguese and notice how much you could understand at an airport in Madrid, Mexico City, Rome, Lisbon, or Rio de Janeiro.

français	espagnol	italien	portugais
la ligne aérienne	la línea aérea	la linea aerea	a linha aerea
le vol	el vuelo	il volo	o vôo
le passeport	el pasaporte	il passaporto	o passaporte
la porte	la puerta	la porta	a porta
la carte d'embarquement	la tarjeta de embarque	la carta d'imbarco	a cartão de embarque
la douane	la aduana	la dogana	a alfândega
la destination	el destino	la destinazione	o destino
le billet	el billete	il biglietto	o bilhete
le passager	el pasajero	il passaggero	o passageiro
le voyage	el viaje	il viaggio	a viagem

Nom _____ Date _____

C ◆ **À l'aéroport Charles-de-Gaulle** If you have a connecting flight, you often have to transfer to another location in the airport. Here is a map of Terminal 2 at Charles-de-Gaulle Airport. Study it and answer the following questions. Make sure you estimate the distances correctly.

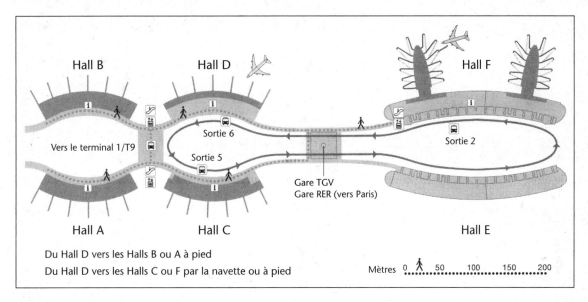

1. Quelle est la distance entre le hall F et le hall D?

   _____

2. Et quelle est la distance entre le hall D et le hall B?

   _____

3. Vous arrivez dans le hall F. Vous avez beaucoup de bagages. Votre vol de correspondance part du hall B. Qu'est-ce que vous allez faire? Vous allez trouver un chariot et y aller à pied ou vous allez prendre la navette? Où allez-vous prendre la navette? Jusqu'où?

   _____

   _____

   _____

   _____

Mon autobiographie

Do you like to travel? Do you travel often? Do you travel by plane? If you do, tell about your experiences.

If you don't travel by plane, imagine a trip that you would like to take. Tell something about the airport near your home and something about the flight you are going to take. Include as many details as you can.

Mon autobiographie

CHAPITRE 9

Nom _____ Date _____

La gare et le train

Vocabulaire Mots 1

1 **Identifiez.** Identify each illustration.

1. _____ 2. _____ 3. _____

4. _____ 5. _____ 6. _____

2 **Au guichet** Answer in complete sentences based on the illustration.

1. Qu'est-ce que ces gens font?

_____

2. Ils sont tous patients?

_____

3. Que fait la fille au guichet?

_____

4. Qu'est-ce qu'elle a comme bagages?

_____

Vocabulaire Mots 2

3 **Le train** Write a sentence about each illustration.

1.

2.

3.

4.

1. _____

2. _____

3. _____

4. _____

4 **Le contraire** Match each word in the left column with its opposite in the right column.

1. _____ monter   **a.** vendre

2. _____ assis   **b.** perdre patience

3. _____ à l'heure   **c.** debout

4. _____ le départ   **d.** en retard

5. _____ acheter   **e.** l'arrivée

6. _____ attendre   **f.** descendre

Structure Les verbes en -re au présent

5 **Un voyage en train** Complete with the correct form of the indicated verb.

1. On _____ des billets de train au guichet. (vendre)

2. Les voyageurs _____ dans la salle d'attente. (attendre)

3. J'_____ l'annonce du départ de notre train. (entendre)

4. Nous _____ patience quand le train a du retard. (perdre)

5. Le contrôleur _____ aux questions des voyageurs. (répondre)

6. Vous _____ à quel arrêt? (descendre)

7. Moi, je _____ à Toulouse. (descendre)

6 **À la gare** Rewrite each sentence, changing the subject and the verb to the singular. Make all other necessary changes.

1. Ils entendent l'annonce du départ de leur train.

   _____

2. Vous n'entendez pas l'annonce du départ de votre train?

   _____

3. Nous vendons des magazines et des journaux, c'est tout.

   _____

4. Vous attendez depuis longtemps?

   _____

5. Nous descendons maintenant?

   _____

6. Ils attendent la correspondance.

   _____

Les adjectifs démonstratifs

7 **Quelques précisions** Complete with the correct form of **quel** in the question and **ce** in the answer.

1. —On prend _____ train?

   —_____ train-là.

2. —Il part de _____ voie?

   —De _____ voie-là.

3. —On achète les billets à _____ guichet?

   —À _____ guichet-là.

4. —On monte dans _____ voiture?

   —Dans _____ voiture-là.

5. —On a _____ places?

   —_____ places-là.

6. —On descend à _____ arrêt?

   —À _____ arrêt-là.

8 **Combien?** Complete with the correct form of **ce** followed by the item in the illustration.

1. Il coûte combien _____?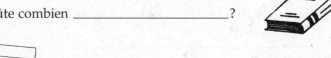

   2. Et _____? Elle coûte combien?

3. Et _____? Elles coûtent combien?

4. Et _____? Elle coûte combien?

5. Et _____? Il coûte combien?

   6. Et _____? Ils coûtent combien?

Les verbes **dire**, **écrire** et **lire**

9 **Pas tout!** Complete with the correct form of the verb **dire**.

1. —Tu comprends ce que je _____?

   —Pas tout ce que tu _____.

2. —Tu comprends ce qu'ils _____?

   —Pas tout ce qu'ils _____.

3. —Tu comprends ce que nous _____?

   —Pas tout ce que vous _____.

4. —Tu comprends ce qu'elle _____?

   —Pas tout ce qu'elle _____.

10 **Nous ne sommes pas gentils.** Complete with the correct form of the verb **écrire**.

1. Je n'_____ pas à Grand-Mère.

2. Mes parents n'_____ pas à Grand-Mère.

3. Mon frère n'_____ pas à Grand-Mère.

4. Toi, tu n'_____ pas à Grand-Mère.

5. Vous, vous n'_____ pas à Grand-Mère.

6. Nous n'_____ pas à Grand-Mère.

7. Et elle, elle _____ toujours à tout le monde!

11 **Quelle coïncidence!** Complete with the correct form of the verb **lire**.

1. Qu'est-ce que tu _____?

2. Qu'est-ce que je _____? *Cyrano de Bergerac.*

3. Elle aussi, elle _____ *Cyrano de Bergerac?*

4. Vous aussi, vous _____ *Cyrano de Bergerac?*

5. Eux aussi, ils _____ *Cyrano de Bergerac?*

6. Bien sûr que nous _____ tous le même livre.
   Nous sommes dans le même cours de français!

Un peu plus

 Les repas dans le train Read the following information published in one of the SNCF guides. Then answer **vrai** or **faux**.

La restauration à bord

DANS LES TGV

LE BAR

Venez vous restaurer à la voiture-bar où un choix varié de produits vous est proposé : formule petit déjeuner et formules repas, sandwichs, plats chauds, salades «fraîcheur», desserts et confiseries ainsi que des boissons chaudes et fraîches.

Des magazines sont en vente dans la quasi totalité des trains.

LE CONFORT D'UN REPAS SERVI À VOTRE PLACE

En 1re classe, dans certains trains, vous pouvez prendre vos repas (petit déjeuner, déjeuner ou dîner) tranquillement installé dans votre fauteuil. Dans ce cas, la réservation est conseillée (votre titre repas est valable seulement dans le train pour lequel vous avez effectué votre réservation). De plus, des coffrets-repas froids peuvent être servis à la place, sans réservation, aux heures habituelles des repas.

---

	vrai	faux
1. En deuxième classe, on ne peut pas avoir de repas complet.		✓
2. On peut prendre un café à la voiture-bar.	✓	
3. On peut acheter un magazine dans le train.	✓	
4. En première classe, on peut manger à sa place.	✓	
5. En première classe, il faut réserver pour pouvoir déjeuner.		✓
6. Il faut réserver aussi pour avoir un repas froid.		✓

Horaire Look at the train schedule for Paris–Zurich and answer the questions.

Paris > Dijon > Lausanne / Bern et Zurich

POUR CONNAITRE LES PRIX REPORTEZ-VOUS AUX PAGES 46 À 49

numéro du TGV		21	421	23	25	25	29	429	27	427
type de trains		EC	EC	EC	EC	EC	EC	EC	EC	EC
particularités			①	②	③	④	⑤			
restauration		♈☐	♈	♈☐	♈	♈	♈☐	♈☐	♈☐	♈
PARIS-GARE-DE-LYON	Départ	7.41	7.41	12.48	14.45	15.48	16.48	16.48	18.18	18.18
Dijon	Arrivée	9.23	9.23	14.31	16.26	17.29	18.32	18.32	20.04	20.04
Dole	Arrivée	9.52	9.52							
Mouchard	Arrivée	10.13	10.13						20.47	20.47
Frasne	Arrivée	10.53	10.53	15.53	17.44	18.49	19.52	19.52	21.25	21.25
Vallorbe	Arrivée	11.12		16.12	18.03	19.11	20.20		21.47	
LAUSANNE	Arrivée	11.46		16.46	18.37	19.46	20.54		22.21	
Pontarlier	Arrivée		11.10					20.06		21.43
Neuchâtel	Arrivée		11.54					20.49		22.27
BERN	Arrivée	a 13.13	12.28	a 18.13	a 20.13	a 21.13		21.22	a 23.38	23.00
Olten	Arrivée							22.10		
Aarau	Arrivée							22.20		
ZURICH	Arrivée		13.45					22.47		

1. Tous ces trains partent de quelle gare à Paris?

_____

2. Vous voulez aller à Neuchâtel en Suisse. Quels trains pouvez-vous prendre?

_____

3. Vous voulez déjeuner à Neuchâtel. Quel train allez-vous prendre?

_____

4. Pourquoi allez-vous prendre ce train-là et pas le suivant?

_____

5. À quelle heure allez-vous arriver à Neuchâtel?

_____

6. Il y a combien d'arrêts entre Paris et Neuchâtel?

_____

Mon autobiographie

Do you ever travel by train? If so, tell about one of your train trips. If you don't, make one up. Imagine you are traveling by train in France and write something about your trip. Tell whether or not you think train travel is interesting.

If you never travel by train, explain why you don't.

Mon autobiographie

Les sports

Vocabulaire · Mots 1

1 Les sports Identify each item.

1. _____ 2. _____ 3. _____

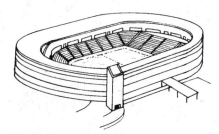 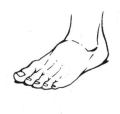

4. _____ 5. _____

2 Définitions Identify each person described below.

1. un garçon ou une fille qui joue _____

2. un joueur qui garde le but _____

3. les personnes qui regardent le match _____

4. un homme qui siffle quand il y a faute *(foul)* _____

3 Le foot Complete each sentence.

1. On joue au foot avec un _____.

2. Il y a onze _____ dans une _____ de foot.

3. On joue au foot sur un _____.

4. Il faut envoyer le ballon avec le _____ ou avec la tête.

5. Chaque équipe veut envoyer le ballon dans le but du camp

   _____.

6. Les _____ sont pleins de monde.

Workbook
Copyright © by The McGraw-Hill Companies, Inc.

Bon voyage! Level 1B, Chapitre 10 ✤ **95**

Vocabulaire   **Mots 2**

4 **Quel sport?** Identify the sport associated with each word or expression.

1. dribbler le ballon _____

2. lancer le ballon _____

3. un but _____

4. un filet _____

5. un panier _____

6. une piste _____

7. servir le ballon _____

8. un vélo _____

5 **Des sportifs** Identify each person.

1. _____

2. _____

3. _____

4. _____

5. _____

Workbook

Structure Le passé composé des verbes réguliers

6 **Hier soir aussi** Complete each sentence in the **passé composé**.

    1. J'étudie tous les soirs.

    Hier soir aussi _____

    2. Nous regardons la télévision tous les soirs.

    Hier soir aussi _____

    3. Mon père prépare le dîner tous les soirs.

    Hier soir aussi _____

    4. Mes frères jouent au football tous les soirs.

    Hier soir aussi _____

    5. Vous mangez tous les soirs au restaurant?

    Hier soir aussi _____

    6. Tu parles tous les soirs au téléphone avec ton amie?

    Hier soir aussi _____

7 **Pas tout seul!** Samia's brother gave a party for Samia, but his siblings helped. Rewrite each sentence replacing **je** with **nous**.

    1. Dimanche, j'ai donné une fête pour l'anniversaire de Samia.

    _____

    2. J'ai téléphoné à tous ses amis.

    _____

    3. J'ai invité cinquante personnes.

    _____

    4. J'ai préparé tous les sandwichs.

    _____

    5. J'ai servi les boissons.

    _____

    6. J'ai choisi les disques.

    _____

    7. J'ai beaucoup travaillé!

    _____

Nom _____ Date _____

8 **Avant de regarder la télé** Complete with the **passé composé** of the indicated verb.

1. Vous _____ vos devoirs? (finir)

2. Vous _____ vos vêtements pour demain? (choisir)

3. Vous _____? (dîner)

4. Vous _____ à manger au chat? (donner)

5. Vous _____ que vous avez tout pour l'école? (vérifier)

6. Vous _____ ce que j'ai dit! (entendre)

9 **Un match de foot** Complete with the **passé composé** of the indicated verb.

1. Hier, Saint-Béat _____ contre Galié. (jouer)

2. Ils _____ à Loure. (jouer)

3. Fort _____ un coup de pied dans le ballon. (donner)

4. Couret _____ le ballon sur la tête. (renvoyer)

5. L'arbitre _____. (siffler)

6. Il _____ le match quelques instants. (arrêter)

7. Couret _____ deux buts. (marquer)

8. Saint-Béat _____. (perdre)

9. Galié _____ par deux buts à un. (gagner)

10. Les spectateurs _____ l'annonce. (entendre)

10 **Ce n'est pas vrai.** Write a sentence negating the statement. Follow the model.
J'ai attendu très longtemps!
Non, tu n'as pas attendu très longtemps!

1. Nous avons gagné!

_____

2. On a perdu!

_____

3. Vous avez fini!

_____

4. Tu as rigolé!

_____

11 **Au restaurant** Give personal answers.

1. Quand est-ce que tu as dîné au restaurant?

_____

2. Tu as dîné avec qui?

_____

3. Qui a réservé une table?

_____

4. Vous avez attendu longtemps?

_____

5. Qu'est-ce que tu as commandé?

_____

6. Qu'est-ce que les autres ont commandé?

_____

7. À quelle heure vous avez fini de manger?

_____

8. Qui a demandé l'addition?

_____

9. Qui a payé l'addition?

_____

10. Qui a laissé un pourboire pour le serveur?

_____

11. Vous avez quitté le restaurant à quelle heure?

_____

Qui, qu'est-ce que, quoi

12 **Questions** Write a question with **qu'est-ce que.** Follow the model.

Nous avons regardé un match de foot.
Qu'est-ce que vous avez regardé?

1. Les Français ont gagné la coupe du Monde.

   _____

2. Lance Armstrong a gagné le Tour de France.

   _____

3. Nous avons perdu le match.

   _____

4. J'ai marqué un but.

   _____

5. L'arbitre a déclaré un penalty.

   _____

13 **Encore des questions** Write a question about the italicized word(s).

1. J'ai joué au foot avec *des amis.*

   _____

2. Nous avons joué *au basket-ball.*

   _____

3. Nous mettons *un survêtement* pour faire de la gymnastique.

   _____

4. *Lance Armstrong* a gagné le Tour de France.

   _____

5. Michael Jordan est un joueur de *basket-ball.*

   _____

Nom _____ Date _____

Les verbes boire, devoir et recevoir au présent

14 Des boissons Complete the question with the correct form of **boire** and finish the answer.

1. —Qu'est-ce que vous _____?
   —Nous _____.

2. —Qu'est-ce qu'elle _____?
   —Elle _____.

3. —Qu'est-ce que tu _____?
   —Je _____.

4. —Qu'est-ce qu'ils _____?
   —Ils _____.

15 Des obligations Complete the answer to each question with the correct form of **devoir**.

1. —Tu veux aller au cinéma?
   —Non, je _____.

2. —Vous pouvez dîner avec nous?
   —Non, on _____.

3. —Ils vont jouer au foot?
   —Non, ils _____.

4. —Vous allez déjeuner au restaurant?
   —Non, nous _____.

5. —Je peux aller avec vous?
   —Non, tu _____.

16 Trop de catalogues! Complete each sentence with the correct form of **recevoir**.

1. Tous les jours, nous _____ des tonnes de catalogues!

2. Moi aussi, je _____ beaucoup de catalogues.

3. Lui non, il ne _____ pas de catalogues.

4. Et vous, vous _____ beaucoup de catalogues?

5. Non, mais mes voisins, eux, qu'est-ce qu'ils _____ comme catalogues!

Un peu plus

 Les Jeux olympiques Read the following text about the Olympic Games.

C'est le roi d'Élide qui a créé les premiers Jeux olympiques à Olympie, en 884 avant Jésus-Christ, dans la Grèce antique.

C'est un Français, Pierre de Coubertin, qui a organisé les premiers Jeux olympiques modernes en 1896... à Athènes, bien sûr: «Pour assurer aux athlètes de tous les pays un plus grand prestige, il faut internationaliser le sport et il faut donc organiser les Jeux olympiques.»

C'est pourquoi, en souvenir de Pierre de Coubertin, les annonces sont faites dans la langue du pays, mais toujours en français aussi.

 Trouvez les informations. Find the following information in the reading.

1. la personne qui a organisé les premiers Jeux olympiques en Grèce antique

_____

2. le nom et la nationalité de la personne qui a créé les Jeux olympiques modernes

_____

3. la langue dans laquelle les annonces sont toujours faites

_____

C **Les cinq anneaux** Read the following information.

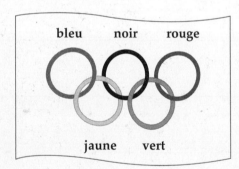

L'emblème des Jeuxolympiques sont les cinq anneaux entrelacés qui symbolisent l'union des cinq continents: l'anneau bleu est l'Europe, l'anneau jaune est l'Asie, l'anneau noir est l'Afrique, l'anneau vert est l'Océanie et l'anneau rouge est l'Amérique.

D **Symboles** How are the following represented?

1. l'Europe _____

2. l'Amérique _____

3. l'Afrique _____

4. l'Asie _____

5. l'Océanie _____

Nom _____ Date _____

E **Un joueur de basket** Look at the information about this basketball player and answer the questions.

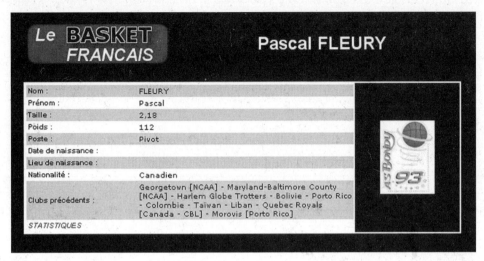

1. Quel est le nom de ce joueur?

   _____

2. Il est français?

   _____

3. Il est grand? Il mesure combien en mètres? Et en pieds et en pouces?

   _____

4. Est-ce qu'il a joué dans un club français?

   _____

F **Un nouveau sport** Look at the following information and answer the questions.

1. Quel est ce nouveau sport?

   _____

2. Qu'est-ce qu'il faut pour jouer à ce nouveau sport?

   _____

3. Il y a combien de joueurs dans chaque équipe?

   _____

4. Qui a inventé ce sport?

LE ROLLERBASKET Inventé par le joueur professionel de basket américain Tom Lagarde, le Rollerbasket se pratique avec des rollers aux pieds! Deux équipes de trois joueurs s'affrontent sur un classique terrain de basket. Le premier tournoi s'est déroulé à New York.

   _____

Mon autobiographie

How much do you like sports? Are you a real sports fan (**un/une fana de sport**)? If you participate in a team sport, write about it. Do you prefer to participate or to be a spectator? Write something about the teams at your school.

Mon autobiographie

CHAPITRE 11

Nom _____ Date _____

L'été et l'hiver

Vocabulaire Mots 1

1 **À la plage** Identify each item.

1. _____   2. _____   3. _____

_____   _____

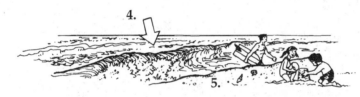 

4. _____   5. _____   6. _____

2 **Les sports d'été** Write a sentence under each illustration telling what the people are doing.

1. _____   2. _____

_____   _____

3. _____   4. _____

_____   _____

3 **Pour ou contre la plage?** Give personal answers.

1. Tu aimes aller à la plage?

_____

2. Tu y vas avec qui? Avec tes copains? Tes frères et sœurs?

_____

3. Tu aimes prendre des bains de soleil?

_____

4. Et tes copains, ils aiment prendre des bains de soleil aussi?

_____

5. Vous mettez de la crème solaire?

_____

6. Tu nages bien?

_____

7. Et tes copains, ils nagent bien?

_____

8. Tu fais du ski nautique? Du surf?

_____

9. Et tes copains, qu'est-ce qu'ils font?

_____

10. Il y a une plage près de chez toi? Où?

_____

4 **La natation** Complete with an appropriate word.

1. Caroline apprend à nager. Elle prend des leçons de _____.

2. Elle prend des leçons dans une _____, pas dans la mer.

3. Maintenant elle nage assez bien. Elle a bien écouté le _____.

4. Elle nage assez bien et elle _____ assez bien aussi.

Vocabulaire **Mots 2**

5 **Une station de sports d'hiver** Identify each item.

1. _____ 2. _____ 3. _____

4. _____ 5. _____ 6. _____

6 **Le matériel de ski** Identify each item.

1. _____ 2. _____ 3. _____

4. _____ 5. _____ 6. _____

7. _____ 8. _____

7 **Le temps et les saisons** Check the corresponding season(s). Use as reference a place with four distinct seasons.

	au printemps	en été	en automne	en hiver
1. Il pleut.				
2. Il neige.				
3. Il y a du vent.				
4. Il fait chaud.				
5. Il fait du soleil.				
6. Il fait mauvais.				
7. Il fait frais.				
8. Il gèle.				

8 **Le patin à glace** Correct the false statements.

1. Pour faire du patin, on met des skis.

_____

2. On fait du patin sur la neige.

_____

3. On fait du patin sur un terrain.

_____

4. Il y a de la glace quand il fait chaud.

_____

5. On ne peut pas tomber quand on fait du patin.

_____

6. Joël est débutant. Il fait très bien du patin.

_____

Structure Le passé composé des verbes irréguliers

 Vive le ski! Rewrite each sentence in the **passé composé.**

1. Guillaume fait du ski.

   _____

2. Il met ses skis.

   _____

3. Il reçoit son ticket.

   _____

4. Il fait la queue au télésiège.

   _____

5. Il voit une copine dans la queue.

   _____

6. Il dit «salut» à sa copine.

   _____

7. Ils prennent le télésiège ensemble.

   _____

8. Guillaume veut prendre une piste difficile.

   _____

9. Mais sa copine ne veut pas.

   _____

10. Il prend la piste difficile tout seul.

    _____

11. Il a un petit accident: il perd un ski.

    _____

12. Il doit descendre à pied!

    _____

Nom _____ Date _____

10 **En classe** Complete with the **passé composé** of the indicated verb(s).

1. Le professeur _____ bonjour. (dire)

2. J'_____ ce qu'il _____.
   (comprendre, dire)

3. Tous les élèves _____ des notes. (prendre)

4. Vous _____ vos notes dans votre cahier? (écrire)

5. Oui, et après le cours, nous _____ nos notes. (lire)

6. Carole _____ lire mes notes, mais elle

   n'_____ pas _____ lire mon écriture.
   (vouloir, pouvoir)

7. Toi, tu n'_____ pas _____ ce que le prof

   _____. (comprendre, dire)

8. Tu _____ copier mes notes. (devoir)

9. J'_____ content de prendre des notes. (être)

Les mots négatifs

11 **Pas sympa!** Rewrite each sentence in the negative.

1. Il dit quelque chose à son copain.

   _____

2. Et son copain écrit quelque chose.

   _____

3. Il voit quelqu'un.

   _____

4. Il écrit encore des notes.

   _____

5. Il dit quelque chose à quelqu'un.

   _____

6. Il parle souvent à quelqu'un.

   _____

7. Nous avons toujours mis des lunettes.

   _____

Le passé composé avec être

12 **À l'école** Rewrite each sentence in the **passé composé.**

1. Je vais à l'école.

   _____

2. J'arrive à huit heures.

   _____

3. J'arrive avec mes copains.

   _____

4. Nous entrons dans l'école.

   _____

5. Nous montons dans notre classe.

   _____

6. À onze heures et demie, nous descendons à la cantine.

   _____

7. Nous sortons de l'école à trois heures.

   _____

8. Je rentre directement chez moi.

   _____

13 **Flore** Complete with **est** or **a.**

1. Flore _____ allée à l'école.

2. Elle _____ pris l'autobus.

3. Elle _____ arrivée.

4. Elle _____ entrée dans la classe.

5. Elle _____ dit bonjour.

6. Elle _____ sortie dans la cour.

7. Elle _____ parlé à ses copines.

8. Elle _____ rentrée chez elle.

14 **La plage** Complete with the **passé composé** of the indicated verb.

1. Marie-Christine et ses copains _____ à la plage. (aller)

2. Ils _____ à dix heures. (partir)

3. Ils _____ dans l'eau immédiatement. (entrer)

4. Ils _____ dans l'eau toute la journée. (rester)

5. Ils _____ de l'eau complètement gelés! (sortir)

6. Ils _____ chez eux tard le soir! (rentrer)

Un peu plus

 A Deux proverbes Read the French proverbs and answer the questions.

Après la pluie, le beau temps.   pluie *rain*

Le temps, c'est de l'argent.

1. The same word appears in each proverb. Which one? _____

2. Do you think the word means the same thing in both proverbs? _____

3. What does the word **temps** mean in the first proverb? _____

4. What does it mean in the second proverb? _____

5. The English equivalent of the second proverb is very similar to the French. What would it be?_____

6. Can you find the English equivalent for the first proverb? It also has to do with weather._____

B Le Canada Read the text.

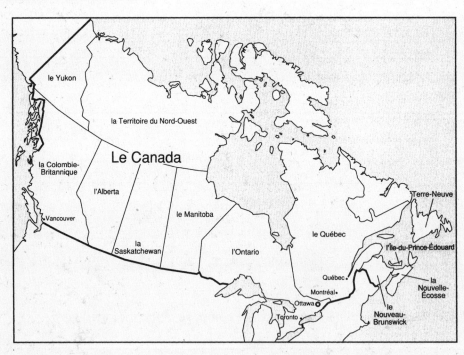

Le Canada est un grand pays en Amérique du Nord. Il est divisé en dix provinces et deux territoires. Les deux territoires sont le Territoire du Nord-Ouest et le Yukon. Le Canada a 32 millions d'habitants—7 millions sont des Canadiens français. Les deux langues officielles du Canada sont l'anglais et le français.

La plupart des Canadiens français habitent dans la province du Québec ou dans les provinces maritimes de l'est du pays. Montréal et Québec sont les plus grandes villes du Québec. Montréal est la deuxième ville francophone du monde après Paris.

C **Répondez.** Give answers based on the reading.

1. Où est le Canada?

_____

2. Il y a combien de provinces au Canada?

_____

3. Quelle est la population du Canada?

_____

4. Il y a combien de francophones au Canada?

_____

5. Quelles sont les deux langues officielles du Canada?

_____

6. Où habitent la plupart des Canadiens français?

_____

 D **Un nouveau sport** Read the text and answer the questions.

1. Qui a inventé la voile BirdSail?

_____

_____

2. Quelles sont les trois utilisations possibles de BirdSail?

_____

_____

_____

3. Qu'est-ce qu'il faut pour faire de la voile BirdSail?

_____

_____

HOMME À VOILE Créée récemment par un Français, la voile BirdSail s'attache sur le corps grâce à un harnais fixé autour du torse. Légère et maniable, elle s'utilise sur la plage avec des rollers, sur la neige à ski ou sur la mer en surf. À condition bien sûr qu'il y ait du vent!

Mon autobiographie

What is the weather like where you live? How many seasons do you have? Which one is your favorite? Choose one season and write as much as you can about your activities, what sports you participate in, and what trips you take.

Mon autobiographie

Check-Up 3

1 Make a list of five things to take to the beach.

1. _____
2. _____
3. _____
4. _____
5. _____

2 Make a list of five things to take when you go snow skiing.

1. _____
2. _____
3. _____
4. _____
5. _____

3 Choose the correct completion.

1. La plage est _____.
   a. au bord de la mer
   b. sur une planche à voile
   c. dans une piscine

2. Un arbitre _____.
   a. envoie le ballon dans le but
   b. marque un but
   c. siffle quand il y a un but

3. Quand le stade est plein, _____.
   a. il n'y a pas de spectateurs
   b. il y a quelques spectateurs
   c. il y a beaucoup de spectateurs

4. Quand il fait chaud, _____.
   a. il y a de la neige
   b. il y a du soleil
   c. il y a de la glace

5. Dans une piscine, on peut _____.
   a. plonger
   b. skier
   c. faire du patin

6. Avant de voyager, il faut _____.
   a. acheter un journal
   b. parler au contrôleur
   c. composter son billet

7. Un billet de première est _____.
   a. plus cher qu'un billet de seconde
   b. moins cher qu'un billet de seconde
   c. le même prix qu'un billet de seconde

8. Il a gagné: il est arrivé _____.
   a. le dernier
   b. en retard
   c. le premier

4 Complete with the correct form of the present tense of the indicated verb.

1. Tu _____ souvent avec tes copains? (sortir)

2. Vous allez à Paris quand vous _____? (sortir)

3. Vous _____ à quelle heure? (partir)

4. Vous _____ vos copains quand ils sont en retard? (attendre)

5. Vous _____ quelque chose à vos copains s'ils sont en retard? (dire)

6. Et eux, ils _____ quelque chose quand vous êtes en retard? (dire)

5 Rewrite each sentence in the plural.

1. Il sert le petit déjeuner de 7 heures à 10 heures et demie.

   _____

2. Je ne dors pas bien dans cet hôtel.

   _____

3. Tu ne dis rien?

   _____

4. Moi, quand je ne peux pas dormir, je lis.

   _____

5. Et moi, j'écris des lettres et je ne perds pas patience.

   _____

6 Complete with an appropriate word.

—_____ tu lis?
　　　　　1

—*Le Comte de Monte-Cristo.*

—Tu lis _____?
　　　　　　　2

—*Le Comte de Monte-Cristo.* Tu n'as jamais lu _____ livre?
　　　　　　　　　　　　　　　　　　　　　　　　　　　3

—Non.

—Mais _____ le monde a lu *le Comte de Monte-Cristo!*
　　　　　　4

—Pas moi. Et... _____ a écrit *le Comte de Monte-Cristo?*
　　　　　　　　　　　5

—Ah, il faut demander au prof.

—À _____ prof?
　　　　6

—Ben, au prof de français, bien sûr!

7 Rewrite each sentence, saying the opposite.

1. Il parle à tout le monde.

_____

2. Vous dites quelque chose.

_____

3. Je suis toujours à l'heure.

_____

4. Nous attendons quelqu'un.

_____

8 Rewrite each sentence in the **passé composé.**

1. Il parle.

_____

2. Nous choisissons.

_____

3. Vous finissez?

_____

4. Tu perds!

_____

9 Write the past participle of each verb.

devoir		prendre	
boire		apprendre	
croire		comprendre	
voir		mettre	
pouvoir		dire	
vouloir		écrire	
lire			
recevoir		être	
avoir		faire	

Workbook
Copyright © by The McGraw-Hill Companies, Inc.

Bon voyage! Level 1B, Check-Up: Chapitres 8–11 ❧ **117**

10 Give personal answers.

1. Tu es sorti(e) samedi soir?

_____

2. Tu es sorti(e) avec qui?

_____

3. Vous êtes allé(e)s où?

_____

4. Vous êtes resté(e)s combien de temps?

_____

5. Qu'est-ce que vous avez fait?

_____

6. Vous êtes rentré(e)s à quelle heure?

_____

7. Vous êtes rentré(e)s comment?

_____

11 Write a sentence according to the model.

Tu es sorti hier.
Je ne suis pas sorti hier.

1. Tu es rentré à minuit.

_____

2. Ils sont partis la semaine dernière.

_____

3. J'ai toujours été à l'heure!

_____

4. Vous avez eu de la chance.

_____

5. Elle a dit quelque chose.

_____

6. Ils ont vu quelqu'un.

_____

CHAPITRE 12

Nom _____ Date _____

La routine quotidienne

Vocabulaire **Mots 1**

1 **Tous les jours** Write a sentence telling what the person in each illustration is doing.

Marie

1. _____

Carole

2. _____

Guy

3. _____

Christian

4. _____

Thierry

5. _____

Sabine

6. _____

2 **Il a besoin de quoi?** Write what Arnaud needs according to the illustrations.

1. Arnaud va se laver. Il a besoin d'un _____.

2. Il va se laver les cheveux. Il a besoin de _____.

3. Il va prendre une douche. Il a besoin de _____.

4. Il va se raser. Il a besoin d'un _____.

5. Il va se peigner. Il a besoin d'un _____.

6. Il va se laver les dents. Il a besoin de _____.

3 **Le matin** These drawings show Sylvie's morning routine. First write the letters of the drawings in a logical order. Then write a caption for each drawing.

1. _____ _____

2. _____ _____

3. _____ _____

4. _____ _____

5. _____ _____

6. _____ _____

7. _____ _____

8. _____ _____

Vocabulaire　Mots 2

4 Dans la cuisine Identify each item.

1. _____   2. _____   3. _____

4. _____   5. _____   6. _____

5 Dans quel ordre? Put the following activities in logical order.

_____ débarrasser la table   _____ servir le repas

_____ faire le repas   _____ mettre la table

_____ faire la vaisselle

6 Activités quotidiennes Complete each sentence with an appropriate word.

1. Si on n'a pas de lave-vaisselle, il faut faire la _____

   dans l'_____.

2. Pour zapper, on utilise la _____.

3. On zappe pour éviter les _____.

4. On zappe aussi pour changer de _____.

5. Quand on veut regarder une émission, on _____ la
   télévision.

6. Quand l'émission est finie, on _____ la télévision.

7. Quand on n'est pas là, on peut _____ une émission.

8. En général, les enfants doivent faire leurs _____ avant de
   regarder la télévision.

Structure Les verbes réfléchis au présent

7 **Qu'est-ce qu'ils font?** Write a sentence describing what the people are doing.

1. _____

2. _____

3. _____

4. _____

5. _____

6. _____

8 **La matinée de Jamal** Read the conversation and write a paragraph about Jamal's morning.

—Dis donc, Jamal, tu te lèves à quelle heure, le matin?

—À quelle heure je me lève? Oh, en général à six heures et demie.

—C'est tôt, non?

—Pas vraiment. Je me lave, je m'habille, je me brosse les dents, je me rase... et il est sept heures et demie, l'heure de partir au lycée.

_____

_____

_____

_____

9 **Dans la salle de bains** Complete each sentence with the correct form of the indicated verb(s).

1. Le matin, tout le monde veut la salle de bains. Moi, je ne _____ jamais avant sept heures. (se réveiller)

2. Mon frère _____ à sept heures moins le quart. (se réveiller)

3. Alors, bien sûr, il _____ avant moi! (se laver)

4. Mon père _____ déjà à six heures et demie. (se raser)

5. Ma mère et ma sœur _____ les dents ensemble pour laisser la place aux autres. (se laver)

6. Mon frère et moi, nous _____ dans notre chambre parce que

   maman veut _____. (s'habiller, se maquiller)

7. Ma sœur _____ dans sa chambre! (se peigner)

8. Tout le monde _____! (se dépêcher)

10 **Qu'est-ce que vous faites d'abord?** Complete each sentence with the correct form of the indicated verbs. Put them in a logical order. Use **nous**.

1. D'abord _____ et ensuite, _____.
   (se laver, se réveiller)

2. D'abord _____ et ensuite, _____.
   (s'habiller, se raser)

3. D'abord _____ les dents et ensuite,

   _____. (se coucher, se laver)

4. D'abord _____ les cheveux et ensuite,

   _____. (se peigner, se laver)

L'orthographe

11 **Noms et prénoms** Complete with the correct form of **appeler**.

1. Moi, je _____.

2. Vous _____.

3. Ma sœur _____.

4. Nous _____.

5. Mes copains _____.

12 **Très raisonnables!** Complete with the correct form of the indicated verb.

1. Nous _____ très tôt. (se lever)

2. Je _____ le chien. (promener)

3. Nous _____ pendant une heure. (nager)

4. Nous _____ très peu. (manger)

5. Ils _____ des fruits, c'est tout. (acheter)

6. Nous _____ à travailler à huit heures. (commencer)

Les verbes réfléchis au passé composé

13 **Hier** Complete with the **passé composé** according to the illustrations.

1. Tu _____ à sept heures.

2. Ton frère et toi, _____

_____ dans votre chambre.

3. Votre mère _____ dans la salle de bains.

4. Ton frère et toi, _____

_____ pour aller à l'école.

5. Ta mère et ta sœur

_____ aussi.

6. Ton père _____, il s'est habillé et il est parti travailler.

14 **Avant le petit déjeuner** Write what Claire did this morning before breakfast.

1. _____

2. _____

_____

_____

3. _____

4. _____

_____

_____

15 **Ce n'est pas vrai.** Rewrite each sentence in the negative.

1. Julien s'est réveillé très tôt.

_____

2. Il s'est levé immédiatement.

_____

3. Il s'est rasé.

_____

4. Il s'est habillé très vite.

_____

5. Il s'est dépêché.

_____

Un peu plus

 Programme de télévision Look at the television guide page. These programs are especially chosen for young people. Do you recognize some programs?

■ **7h10** ♢ 10h03 **TF1**
Disney Club
Winnie l'ourson.
Les Gummi. Dingo.
Aladdin. Myster Mask.
♥ **Zorro. Reportages.**

■ **7h15** ♢ 9h50 **M6**
Covington cross (Série)

■ **7h30** ♢ 8h30 **CINQUIÈME**
♥ **Jeunesse**
Téléchat (8h25).

■ **7h45** ♢ 8h35 **FRANCE 2**
Dimanche mat'
La panthère rose. Océane.

■ **7h45** ♢ 8h55 **FRANCE 3**
Les Minikeums
♥ **Il était une fois la vie.**
♥ **Les contes**
du chat perché (8h15).
Le Maxikeum (8h40).

■ **8h45** ♢ 10h **CINQUIÈME**
Les écrans du savoir
L'ABC d'hier.
La police (9h15). **Les clés**
de la nature (9h30).
L'œuf de Colomb (9h45).

■ **9h** ♢ 10h **FRANCE 3**
Télétaz
Batman.
Le diable de Tasmanie.
Les animaniacs.

■ **10h05** ♢ 10h20 **FRANCE 3**
Microkid's multimédia

■ **10h25** ♢ 10h50 **FRANCE 3**
♥ **C'est pas sorcier**
La tour Eiffel
Comment la tour Eiffel est-
elle construite ?

■ **11h50** ♢ 12h20 **M6**
Sport : Dole Fundoor

■ **12h** ♢ 13h **CINQUIÈME**
Avant qu'il ne soit
trop tard
Documentaire écologique
pour la survie des espèces.

■ **12h20** ♢ 12h55 **M6**
Madame est servie
(Série)

■ **12h30** ♢ 13h30 **C+ (clair)**
Télé dimanche

■ **12h55** ♢ 16h10 **M6**
Double verdict
Warren, avocat à Houston, a
menti à la cour. Résultat : il
n'a plus le droit d'exercer.
C'est le désespoir. Jusqu'au
jour où un grand avocat l'appelle…

■ **13h10** ♢ 14h05 **FRANCE 3**
Les quatre dromadaires
Les crocodiles,
seigneurs du Kirawira
A part les belles scènes où les
crocodiles croquent les anti-
lopes et les gnous, ce documentaire est un peu ennuyeux.

■ **13h20** ♢ 14h15 **TF1**
Walker Texas Ranger

■ **13h25** ♢ 17h50 **FRANCE 2**
Dimanche Martin

■ **13h30** ♢ 14h05 **C+ (clair)**
♥ **La semaine**
des Guignols

■ **14h55** ♢ 16h20 **F3**
Sport dimanche
Basket (15h30).

■ **15h10** ♢ 16h05 **F2**
♥ **Cousteau**

■ **16h** ♢ 17h **CINQUIÈME**
♥ ♥ **Le comte**
de Monte-Cristo
Voir encadré. ▶

■ **16h10** ♢ 17h05 **M6**
Fréquenstar
Elie et Dieudonné
(Divertissement)

■ **16h10** ♢ 17h10
C+ (clair)
Décode pas
Bunny

Kipa

♥ ♥ **LE COMTE DE MONTE-CRISTO**
■ **16h** ♢ 17h **CINQUIÈME**
Avis aux amateurs de grandes aventures, de belles
romances d'amour, d'histoire de France… il y en a
vraiment pour tous les goûts.
1814 : Napoléon Bonaparte, exilé sur l'île d'Elbe après
ses défaites en France, cherche à renverser le roi Louis
XIII. A Marseille, un jeune capitaine, amoureux de
la belle Mercedes, fait des jaloux. Victime d'un com-
plot, on l'accuse d'aider Bonaparte et on l'empri-
sonne. Une injustice qu'il va tenter de réparer…
Du suspense pour cette série très réussie.

B **À la télévision** Give answers based on the television guide page.

1. Quelles sont les chaînes de télévision en France?

_____

_____

_____

_____

2. Si vous aimez les documentaires, qu'est-ce que vous allez regarder?

_____

_____

_____

3. Si vous aimez les dessins animés, qu'est-ce vous allez regarder?

_____

_____

_____

_____

4. Si vous aimez les sports, qu'est-ce que vous allez regarder?

_____

_____

_____

_____

5. Si vous voulez voir un film, qu'est-ce que vous allez regarder?

_____

_____

_____

_____

Workbook
Bon voyage! Level 1B, Chapitre 12 ❖ 127

Mon autobiographie

Every day there are routine activities we all have to do. Give as much information as you can about your daily routine. Tell what you usually do each day. Tell what time you usually do it.

Mon autobiographie

CHAPITRE 13

Les loisirs culturels

Vocabulaire Mots 1

 Le cinéma Give personal answers.

1. Il y a un cinéma près de chez vous? Comment s'appelle-t-il?

   _____

2. On joue des films étrangers dans ce cinéma?

   _____

3. Vous avez déjà vu un film étranger?

   _____

4. Vous avez vu ce film en version originale, doublé ou avec des sous-titres?

   _____

5. Quel(s) genre(s) de film préférez-vous?

   _____

2 **Le théâtre** Identify each illustration.

1. _____   2. _____

3. _____   4. _____

3 **Une troupe de théâtre** Give personal answers about a theater club in your school.

1. Vous aimez le théâtre?

_____

2. Il y a une troupe de théâtre dans votre école?

_____

3. Vous faites partie de cette troupe de théâtre?

_____

4. Elle s'appelle comment?

_____

5. Vous voyez combien de pièces par an?

_____

6. Quels genres de pièces préférez-vous?

_____

7. Nommez une pièce que la troupe va monter ou a déjà montée.

_____

8. C'est quel genre de pièce?

_____

9. Vous jouez dans cette pièce? Quel rôle?

_____

10. Vous avez des ami(e)s qui jouent dans cette pièce? Quels rôles?

_____

4 **Vrai ou faux?** Check the appropriate box.

	vrai	faux
1. Un film doublé a des sous-titres.		
2. Un film en version originale est toujours en français.		
3. Au cinéma, il y a plusieurs séances le week-end.		
4. On peut louer des films en vidéo.		
5. Dans une comédie musicale, il n'y a pas de chanteurs.		
6. Un entracte est entre deux actes.		

Vocabulaire

5 **Qu'est-ce que c'est?** Identify the following items.

1. _____   2. _____   3. _____

4. _____   5. _____

6 **Un musée** Give personal answers.

1. Il y a un musée près de chez vous?

_____

2. C'est quel musée?

_____

3. Il est où?

_____

4. C'est un grand musée ou un petit musée?

_____

5. Vous y allez de temps en temps?

_____

6. Il y a des tableaux et des statues dans ce musée?

_____

7. Il y a souvent des expositions intéressantes?

_____

Workbook
Bon voyage! Level 1B, Chapitre 13 ✤ **131**

7 **Dites-nous...** Give the following information.

1. le nom d'un grand musée à Paris

   _____

2. le nom d'un musée aux États-Unis

   _____

3. le nom d'un sculpteur (homme ou femme)

   _____

4. le nom de votre peintre favori(te)

   _____

5. le nom de votre peinture favorite

   _____

6. le nom d'un tableau moderne

   _____

7. le nom d'une statue

   _____

8. le nom d'un tableau ancien

   _____

9. le nom d'un(e) peintre français(e)

   _____

10. le nom d'un sculpteur français

   _____

Structure Les verbes **savoir** et **connaître**

8 **Savoir et connaître** Rewrite the model sentence with each indicated pronoun and make all necessary changes.

Je connais Marie et je sais qu'elle est française.

1. Il _____.

2. Elle _____.

3. Nous _____.

4. Je _____.

5. Tu _____.

6. Vous _____.

7. Ils _____.

9 **L'Alsace, vous connaissez?** Complete with the correct form of **connaître** or **savoir.**

Karen et Melissa vont en France. Elles vont visiter l'Alsace. Elles

_____ assez bien Paris, mais elles ne _____
　　　　　1　　　　　　　　　　　　　　　　　　　　　　　　　　　　2

pas bien le reste de la France. Elles _____ que Strasbourg est la
　　　　　　　　　　　　　　　　　　　　　　　　3

capitale de l'Alsace. Elles ont vu des photos de Strasbourg et elles

_____ que c'est une ville pittoresque. Karen et Melissa veulent
　　　　　4

_____ l'Alsace. Elles veulent _____ si les
　　　　　5　　　　　　　　　　　　　　　　　　　　　　　　6

restaurants alsaciens sont aussi bons que les restaurants parisiens. Elles

_____ qu'on sert beaucoup de choucroute en Alsace. Elles
　　　　　7

veulent _____ s'il y a une influence allemande en Alsace.
　　　　　　　　8

10 **Savez-vous que...?** Write what you know about the following cities. Begin each sentence with **Je sais que...**

1. Paris _____

_____

2. Nice _____

_____

3. Strasbourg _____

_____

Les pronoms **me, te, nous, vous**

11 **Souvent?** Follow the model.

—**Paul te parle tout le temps!**
—**Non, il me parle quelquefois.**
—**Il te parle très souvent.**

1. —Paul t'invite tout le temps!

— _____

— _____

2. —Paul t'écrit tout le temps!

— _____

— _____

3. —Paul te téléphone tout le temps.

— _____

— _____

4. —Paul t'écoute tout le temps.

— _____

— _____

5. —Paul te fait tout le temps des cadeaux.

— _____

— _____

12 **Un bon père** Rewrite changing *Michelle* to *Michelle et Marie*.

—Michelle, ton père te téléphone souvent?

—Oui, il me téléphone tous les soirs.

—Il t'aime beaucoup?

—Oui, il m'adore.

—Michelle et Marie, _____

— _____

— _____

— _____

Les pronoms **le, la, les**

13 **Un peu de culture** Answer in the affirmative using a pronoun. Follow the model.

    —**Tu ne connais pas ce musée?**
    —**Si, je le connais.**

    1. —Tu ne connais pas cet acteur?

    —_____

    2. —Tu ne connais pas cette actrice?

    —_____

    3. —Tu ne connais pas cette pièce?

    —_____

    4. —Tu ne connais pas ces chanteurs?

    —_____

    5. —Tu ne connais pas ces chanteuses?

    —_____

    6. —Tu ne connais pas ces tragédies?

    —_____

14 **Tout est possible.** Answer in the affirmative or in the negative using a pronoun.

    1. —Tu veux voir l'exposition de Monet?

    —_____

    2. —Tu veux regarder les informations?

    —_____

    3. —Tu veux inviter Bertrand?

    —_____

    4. —Tu veux écouter la conférence de Giraud?

    —_____

    5. —Tu veux voir le film de Laurel et Hardy?

    —_____

Un peu plus

 A **Une affiche** Look at this poster and answer the questions about it.

ÉGLISE SAINT-AUGUSTIN
PLACE ET MÉTRO SAINT-AUGUSTIN
Dimanche 8 décembre
à 16 h

ÉGLISE DE LA MADELEINE
PLACE ET MÉTRO MADELEINE
Mardi 10 décembre
à 20 h 30

VERDI REQUIEM

Verena KELLER
soprano
Peyo GARAZZI
ténor

Lyne DOURIAN,
mezzo-soprano
Patrick PELEX
basse

CHŒURS: Arthur HONEGGER
de Fresnes et du Conservatoire du Centre de Paris
Direction: Anne-Marie LIÉNARD

ORCHESTRE LE SINFONIETTA de PARIS
Direction: Dominique FANAL

Locations: FNAC et par téléphone au 01 42 33 43 00
A l'église Saint-Augustin une heure
avant le début du concert
A l'église de la Madeleine les lundi 9 et mardi
10 de 11 h à 18 h et une heure avant le concert

1. C'est une affiche pour un concert ou pour un ballet?

   _____

2. Qui est le compositeur de ce requiem?

   _____

3. Où est l'église Saint-Augustin?

   _____

4. Quelle est la date de ce concert?

   _____

5. C'est quels jours?

   _____

6. À quelle heure commence le concert?

   _____

   _____

   _____

7. À quel numéro peut-on téléphoner pour louer des places?

   _____

B **Dérivations** Some words are related. For example, the verb **chanter** and the noun **chanteur** are related. If you know one, you can guess the meaning of the other. Write the noun that corresponds to each of the following verbs.

1. danser _____

2. sculpter _____

3. jouer _____

4. voyager _____

5. vendre _____

6. servir _____

7. contrôler _____

8. laver _____

C **Un musée intéressant** Look at this ad for an unusual museum and answer the questions.

MUSÉE DE LA POUPÉE
"Au Petit Monde Ancien"

- *Exposition permanente d'une collection de poupées et bébés français de 1860 à 1960*
- *Expositions temporaires à thème sur les poupées et jouets de collection*
- *Boutique cadeaux*
- *Clinique de la poupée*
- *Conférences sur l'histoire de la poupée*
- *Stages de création et de restauration de poupées*

**IMPASSE BERTHAUD
PARIS 75003
(m° Rambuteau)
tel. 01 42 72 55 90**

Ouvert du mercredi au dimanche
de 10 h à 18 h
le jeudi de 14 à 22 h

1. Où se trouve ce musée?

   _____

   _____

2. Quelle est la station de métro la plus proche?

   _____

3. Quand le musée est-il fermé?

   _____

   _____

4. Que veut dire le mot «poupée» en anglais?

   _____

5. Quel âge ont les poupées les plus vieilles?

   _____

6. Qu'est-ce qu'on peut faire d'autre dans ce musée?

   _____

   _____

   _____

Mon autobiographie

Everyone gets involved in different cultural activities. Write about a cultural activity that interests you and mention others that you don't have any interest in.

Do you watch a lot of television? What programs do you watch? Do you think you watch too much television or not? What do your parents think about it?

Tell something about the drama club at your school. What kind of plays does it put on? Is there a school star? Describe him or her.

Write about the types of movies you like. Do you go to the movies often or do you rent videos?

Who are your favorite movie stars?

Mon autobiographie

CHAPITRE 14

La santé et la médecine

Vocabulaire   Mots 1

1 **La santé** Complete with an appropriate word.

1. Mathilde ne va pas bien. Elle est _____.

2. Elle n'est pas en bonne santé. Elle est en _____ santé.

3. Elle ne se sent pas bien. Elle se sent _____.

4. Elle a très mal à la gorge. Elle a une _____.

5. Elle prend de la _____, un antibiotique.

2 **Ça ne va pas?** Match each expression in the left column with its equivalent in the right column.

1. _____ Il va très bien.   **a.** Elle est enrhumée.

2. _____ Elle a un rhume.   **b.** Elle a de la fièvre.

3. _____ Elle a très mal à la gorge. **c.** Il se sent bien.

4. _____ Elle a de la température.   **d.** Qu'est-ce qui ne va pas?

5. _____ Qu'est-ce qu'il a?   **e.** Elle a une angine.

3 **Le pauvre Cyril** Cyril has the flu. Describe his symptoms.

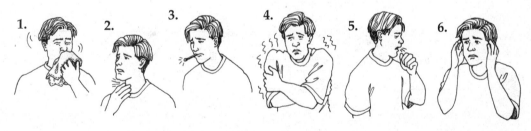

1. _____

2. _____

3. _____

4. _____

5. _____

6. _____

Nom _____ Date _____

4 **Des médicaments** Complete each sentence.

1. Je prends de l' _____ quand j'ai mal à la tête.

2. Je prends un _____ quand j'ai une infection bactérienne.

3. Les gens qui ont des allergies sont _____.

4. La _____ est un antibiotique.

5 **Quelle partie du corps?** Identify each part of the body.

1. _____   2. _____   3. _____

4. _____   5. _____   6. _____

Vocabulaire [Mots 2]

6 **Chez le médecin** Answer each question.

1. Qui va chez le médecin, le malade ou le pharmacien? _____

2. Qui examine le malade? _____

3. Qui ausculte le malade? _____

4. Qui souffre? _____

5. Qui fait une ordonnance? _____

6. Qui prescrit des médicaments? _____

7. Qui vend des médicaments? _____

8. Qui prend des médicaments? _____

Structure Les pronoms **lui, leur**

7 **Des malades** Rewrite each sentence, replacing the italicized words with a pronoun.

1. Le médecin parle *à Caroline*.

_____

2. Le médecin parle *à Grégoire*.

_____

3. Le malade pose une question *au pharmacien*.

_____

4. Le malade pose une question *à la pharmacienne*.

_____

5. Le pharmacien donne des médicaments *au malade*.

_____

6. Le pharmacien donne des médicaments *à la malade*.

_____

8 **Au téléphone** Rewrite each sentence, replacing the italicized words with a pronoun.

1. Je téléphone à *mes copains*.

_____

2. Je parle *à Stéphanie*.

_____

3. Je parle *à Christian* aussi.

_____

4. Je demande *à mes amis* comment ça va.

_____

5. Je dis *à mes cousines* de me téléphoner.

_____

6. Je dis au revoir *à mes cousines*.

_____

9 **Toujours au téléphone** Rewrite each sentence, replacing the italicized words with **les** or **leur.**

    1. Je téléphone *à mes amis.*

    _____

    2. Je parle *à mes amis* en français.

    _____

    3. J'aime bien *mes amis.*

    _____

    4. J'invite *mes amis* à une fête.

    _____

    5. Je demande *à mes amis* d'être à l'heure.

    _____

    6. Je donne mon adresse *à mes amis.*

    _____

10 **Je veux être seul.** Answer in the negative, replacing the italicized word(s) with a pronoun.

    1. Tu invites *Laurence?*

    _____

    2. Tu vas téléphoner *à ton copain?*

    _____

    3. Tu vas voir *tes cousins?*

    _____

    4. Tu donnes ton numéro de téléphone *à tes amis?*

    _____

    5. Tu vas expliquer ton problème *à tes parents?*

    _____

Les verbes **souffrir** et **ouvrir**

11 **Malade comme un chien!** Complete with the correct form of the indicated verb.

1. Oh là, là! Je _____ à mourir, beaucoup. (souffrir)

2. Le médecin m'examine la gorge. J'_____ la bouche. (ouvrir)

3. Docteur, est-ce que tous les malades _____ comme moi? (souffrir)

4. Non, vous, vous _____ plus que les autres. (souffrir)

5. Je peux vous _____ un verre d'eau? (offrir)

6. Non merci, Docteur. Je préfère _____! (souffrir)

12 **Finis les souffrances!** Rewrite each sentence in the **passé composé**.

1. Il souffre, le pauvre!

   _____

   _____

2. Je souffre d'allergies.

   _____

   _____

3. Toi aussi, tu souffres d'allergies?

   _____

   _____

4. L'allergologiste m'offre ses services.

   _____

   _____

5. J'ouvre la porte et je sors quand il me dit le prix de la consultation!

   _____

   _____

L'impératif

13 **Visite médicale** Complete with the **tu** form of the imperative of the indicated verb.

1. Julien, _____ la bouche, s'il te plaît. (ouvrir)

2. _____ «ah», s'il te plaît. (dire)

3. _____ comme ça. (faire)

4. _____ ces comprimés. (prendre)

5. _____ un instant. (attendre)

6. Ne _____ rien cet après-midi. (manger)

14 **Autre visite médicale** Rewrite each sentence in Activity 13, using the **vous** form of the imperative. Make all the necessary changes.

1. Monsieur Gaspin, _____

2. _____

3. _____

4. _____

5. _____

6. _____

15 **Des suggestions** Suggest what you and your friends may do, based on the illustrations.

1. _____

2. _____

3. _____

4. _____

5. _____

Le pronom en

16 **Je suis malade!** Answer as indicated, using the pronoun **en.**

1. —Tu as de l'aspirine?

—Oui, _____

2. —Tu as du sirop?

—Non, _____

3. —Tu as des médicaments?

—Non, _____

4. —Tu as de la pénicilline?

—Non, _____

5. —Tu as des kleenex?

—Oui, _____

6. —Tu ne parles jamais de ta santé?

—Non, _____

17 **Ta famille** Give personal answers. Use the pronoun **en.**

1. Tu as combien de frères?

_____

2. Tu as combien de sœurs?

_____

3. Tu as combien de cousins?

_____

4. Tu as combien de cousines?

_____

5. Tu as combien d'oncles?

_____

6. Tu as combien de tantes?

_____

Un peu plus

A **Le rhume** Read the following article that appeared in a popular French health magazine.

Éviter • Détecter • Soigner

• Comment éviter un rhume

La meilleure prévention repose sur une bonne forme physique et une hygiène de vie. Prenez les précautions que vous dicte le bon sens. Évitez les brusques variations de température. Mettez une «petite laine» ou un pull pour sortir. Prenez une alimentation riche en vitamine C (fruits et légumes pas trop cuits).

Le rhume est très contagieux. Évitez les lieux de grande concentration humaine et ne vous approchez donc pas trop d'une personne enrhumée.

• Comment détecter un rhume

Si vous avez le nez qui coule
Si vous éternuez
Si vous vous sentez fatigué(e)
Si vous avez une petite fièvre, ... sans doute ....., c'est un rhume.

• Comment soigner un rhume

Il n'existe aucun traitement spécifique. Un rhume, traité ou non, dure une semaine. Vous pouvez cependant remédier aux désagréments qu'il provoque avec des médicaments dits *de conforts*.

Buvez beaucoup d'eau et de jus de fruits. Si la petite fièvre vous gêne, prenez un anti-thermique comme l'aspirine.

Les antibiotiques sont sans intérêt.

B **Comment dit-on?** In the article above, find the French equivalent for each of the following expressions.

1. how to avoid a cold _____

2. take precautions _____

3. good sense _____

4. sudden variations in temperature _____

5. a slight fever _____

6. how to treat a cold _____

C **Répondez.** Give answers based on the selection.

1. Quelle est la meilleure prévention pour un rhume?

_____

2. Pourquoi doit-on éviter les personnes enrhumées?

_____

3. Quand on a un rhume, est-ce qu'il faut prendre des antibiotiques? De l'aspirine?

_____

4. Combien de temps dure un rhume?

_____

D **Plaques de médecins** Which doctor are you going to call?

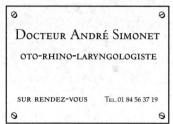
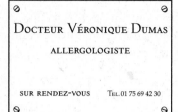

1. Vous avez mal aux yeux. Vous allez chez qui?

_____

2. Vous avez mal à la gorge. Vous téléphonez à qui?

_____

3. Vous avez mal aux dents. Vous allez chez qui?

_____

4. Vous avez une allergie. Vous téléphonez à qui?

_____

5. Vous avez mal aux pieds. Vous allez chez qui?

_____

Mon autobiographie

What is the name of your family doctor? Where is his or her office? How often do you see him or her? Write about some minor ailments you get once in a while. Are you a good patient or not? You may want to ask a family member.

Mon autobiographie

Nom _____ Date _____

1 Make a list of five things you use when you get ready in the morning.

1. _____
2. _____
3. _____
4. _____
5. _____

2 Make a list of five things you do before going to school.

1. _____
2. _____
3. _____
4. _____
5. _____

3 Choose the correct completion.

1. On se regarde dans _____.
   a. un savon
   b. une glace
   c. un peigne

2. Elle se brosse _____.
   a. la figure
   b. les mains
   c. les cheveux

3. Le soir, elle _____.
   a. se lève
   b. se réveille
   c. se couche

4. Une pièce est divisée en _____.
   a. entractes
   b. acteurs et actrices
   c. actes

5. Les sous-titres sont pour _____.
   a. les films doublés
   b. les films étrangers
   c. les séances

6. J'ai un rhume. J'ai _____.
   a. une angine
   b. le nez qui coule
   c. un mouchoir

7. Il est en bonne _____.
   a. tête
   b. fièvre
   c. santé

Workbook
Copyright © by The McGraw-Hill Companies, Inc.

Bon voyage! Level 1B, Check-Up: Chapitres 12–14 ❖ **149**

4 Complete with the correct form of the indicated verb.

1. Je _____ à six heures et demie. (se lever)

2. Vous _____? (se raser)

3. Je _____ les dents. (se brosser)

4. Mes parents _____ à onze heures. (se coucher)

5. Nous _____ tous les jours à la même heure. (se réveiller)

6. Tu _____ tard tous les soirs? (se coucher)

5 Rewrite each sentence in the **passé composé.**

1. Ma sœur et moi, nous nous levons tôt.

   _____

2. Je me réveille tôt.

   _____

3. Ils se dépêchent.

   _____

4. Vous vous couchez à quelle heure?

   _____

5. Nous nous amusons bien ensemble.

   _____

6 Make the past participle agree when necessary.

1. Elle s'est lavé_____ la figure.

2. Elle s'est lavé_____.

3. Ils se sont lavé_____ les dents.

4. Je me suis brossé_____ les cheveux.

7 Complete with the correct form of **savoir** or **connaître.**

1. Je _____ cette fille.

2. Tu _____ où elle habite?

3. Ils ne _____ pas nager.

4. Vous _____ bien Paris?

5. Je _____ que la France est en Europe, mais je ne

   _____ pas le pays.

8 Answer using an object pronoun. The answer can be affirmative or negative.

1. Tu connais Marie?

   _____

2. Tu sais son numéro de téléphone?

   _____

3. Tes amis t'invitent souvent?

   _____

4. Tu invites souvent tes amis à des fêtes?

   _____

9 Answer using an object pronoun.

1. Tu connais la famille de Guillaume Bertollier?

   Oui, _____.

2. Tu parles souvent à sa sœur?

   Oui, _____.

3. Elle te parle quelquefois de moi?

   Non, _____.

4. Tu peux lui parler de moi?

   Non, _____.

Workbook
Copyright © by The McGraw-Hill Companies, Inc.

Bon voyage! Level 1B, Check-Up: Chapitres 12–14 ✦ **151**

10   Give personal answers. Use pronouns whenever possible.

    1. Tu es souvent malade?

    _____

    2. Tu vas souvent voir le médecin?

    _____

    3. Ton médecin est une femme ou un homme?

    _____

    4. Tu trouves ton médecin sympathique?

    _____

    5. Tu parles facilement de tout à ton médecin?

    _____

    6. Quand est-ce que tu es allé(e) le voir la dernière fois?

    _____

    7. Pour quelle genre de maladie?

    _____

11   Give personal answers. Use pronouns whenever possible.

    1. Tu as des frères et sœurs? Combien?

    _____

    2. Ils s'appellent comment?

    _____

    3. Tu as quelquefois des problèmes?

    _____

    4. Tu parles souvent de tes problèmes à tes frères et sœurs?

    _____

    5. Tu parles quelquefois de tes problèmes à tes ami(e)s?

    _____

    6. Tu parles de l'école à tes parents?

    _____

Audio Activities

Chansons de France et de Nouvelle-France

En passant par la Lorraine

1   En passant par la Lorraine,
        Avec mes sabots[1]   *(bis)*
        Rencontrai trois capitaines,
        Avec mes sabots dondaine*,
        Oh, oh, oh! avec mes sabots!

2   Rencontrai trois capitaines
        Avec mes sabots,   *(bis)*
        Ils m'ont appelée vilaine,
        Avec mes sabots dondaine,
        Oh, oh, oh! avec mes sabots!

3   Ils m'ont appelée vilaine,
        Avec mes sabots,   *(bis)*
        Je ne suis pas si vilaine,
        Avec mes sabots dondaine,
        Oh, oh, oh! avec mes sabots!

4   Je ne suis pas si vilaine,
        Avec mes sabots,   *(bis)*
        Puisque le fils du roi m'aime,
        Avec mes sabots dondaine
        Oh, oh, oh! avec mes sabots!

---

[1] sabots *clogs*
*dondaine from **dondon** is an onomatopoeia which suggests the
thumping sound of the clogs. It also rhymes with **Lorraine,
capitaines,** and **vilaine.**

Audio Activities

Bon voyage! Level 1B, Chansons de France et de Nouvelle-France ⚜ **i**

Les Compagnons de la Marjolaine

1   Qui est-ce qui passe ici si tard,
      Compagnons de la Marjolaine?
      Qui est-ce qui passe ici si tard,
      Gai, gai, dessus le quai?

2   C'est le chevalier du guet,
      Compagnons de la Marjolaine.
      C'est le chevalier du guet,
      Gai, gai, dessus le quai.

3   Que demande le chevalier,
      Compagnons de la Marjolaine?
      Que demande le chevalier,
      Gai, gai, dessus le quai?

4   Une fille à marier,
      Compagnons de la Marjolaine.
      Une fille à marier,
      Gai, gai, dessus le quai.

(Et ainsi de suite.)

5   Qu'est-ce que vous me donnerez […]

6   De l'or[1], des bijoux[2] assez […]

7   Je n'suis pas intéressée […]

8   Mon cœur je vous donnerai […]

---

[1] De l'or *gold*
[2] des bijoux *jewels*

Audio Activities

La Belle Françoise

1   C'est la belle Françoise, lon, gai,
C'est la belle Françoise,
Qui veut s'y marier, ma luron, lurette,
Qui veut s'y marier, ma luron, luré.

2   Son ami va la voir, lon, gai,
Son ami va la voir,
Bien tard après le souper, ma luron, lurette,
Bien tard après le souper, ma luron, luré.

3   Il la trouva seulette, lon, gai,
Il la trouva seulette,
Sur son lit qui pleurait, ma luron, lurette,
Sur son lit qui pleurait, ma luron, luré.

4   —Ah! Qu'a'vous donc, la belle, lon, gai,
Ah! Qu'a'vous donc, la belle,
Qu'a'vous à tant pleurer? Ma luron, lurette,
Qu'a'vous à tant pleurer? Ma luron, luré.

5   —On m'a dit, hier au soir, lon, gai,
On m'a dit, hier au soir,
Qu'à la guerre vous alliez, ma luron, lurette,
Qu'à la guerre vous alliez, ma luron, luré.

6   —Ceux qui vous l'ont dit, belle, lon, gai,
Ceux qui vous l'ont dit, belle,
Ont dit la vérité, ma luron, lurette,
Ont dit la vérité, ma luron, luré.

Audio Activities

Bon voyage! Level 1B, Chansons de France et de Nouvelle-France ✤ iii

V'là l'bon vent

Refrain
V'là l'bon vent, v'là le joli vent,
V'là l'bon vent, ma mie m'appelle,
V'là l'bon vent, v'là le joli vent,
V'là l'bon vent, ma mie m'attend.

1   Derrière chez nous y a un étang[1]   *(bis)*
    Trois beaux canards s'en vont
        baignant.

2   Le fils du roi[2] s'en va chassant   *(bis)*
    Avec son beau fusil[3] d'argent.

3   Visa[4] le noir, tua[5] le blanc,   *(bis)*
    —Ô fils du roi, tu es méchant.

4   D'avoir tué mon canard blanc!   *(bis)*
    Par-dessous l'aile il perd son sang.

5   Par les yeux lui sort des diamants,   *(bis)*
    Et par le bec l'or et l'argent.

6   Toutes ses plumes s'en vont au vent,   *(bis)*
    Trois dames s'en vont les ramassant[6].

7   C'est pour en faire un lit de camp   *(bis)*
    Pour y coucher tous les passants.

---

[1] étang *pond*
[2] roi *king*
[3] fusil *rifle*
[4] Visa *aimed at*
[5] tua *killed*
[6] les ramassant *gathering them up*

Je veux m'marier

1   Je veux m'marier,
Je veux m'marier,
Je veux m'marier,
Mais la belle veut pas.

2   Ô la belle veut,
Ô la belle veut,
Ô la belle veut,
Mais les vieux veulent pas.

3   Ô les vieux veulent,
Ô les vieux veulent,
Ô les vieux veulent,
Mais j'ai pas d'argent.

4   J'ai pas d'argent,
J'ai pas d'argent,
J'ai pas d'argent,
Et les poules pondent pas!

J'ai 'té au bal

1   J'ai 'té au bal hier au soir. Ah, là là!
J'ai 'té au bal hier au soir. Ah, là là!
J'ai 'té au bal, mais dis pas à pape.
Il voudrait pas et dirait «Non, non!» Ah, là là!

2   Je vais m'marier. Ô Maman. Ah, là là!
Je vais m'marier. Ô Maman. Ah, là là!
Je vais m'marier, mais dis pas à pape.
Il voudrait pas et dirait «Non, non!» Ah, là là!

3   Je suis mariée, Ô Maman. Ah, là là!
Je suis mariée, Ô Maman. Ah, là là!
Je suis mariée. Tu peux dire à pape.
Il peut rien faire et je m'en fiche bien[1]! Là là là!

---

[1] je m'en fiche bien *I don't care!*

Audio Activities

Bon voyage! Level 1B, Chansons de France et de Nouvelle-France ⚜ **v**

Savez-vous planter les choux?

1   Savez-vous planter les choux,
     À la mode, à la mode,
     Savez-vous planter les choux,
     À la mode de chez nous?

2   On les plante avec le doigt,
     À la mode, à la mode,
     On les plante avec le doigt,
     À la mode de chez nous.

3   On les plante avec le pied,
     À la mode, à la mode,
     On les plante avec le pied,
     À la mode de chez nous.

4   On les plante avec le genou,
     À la mode, à la mode,
     On les plante avec le genou,
     À la mode de chez nous.

          (Et ainsi de suite.)

5   On les plante avec le coude [...]

6   On les plante avec le nez [...]

7   On les plante avec la tête [...]

Dans la forêt lointaine

Dans la forêt lointaine
On entend le coucou.
Du haut de son grand chêne[1]
Il répond au hibou[2]
Coucou, hibou
Coucou, hibou
Coucou, hibou
Coucou...
On entend le coucou.

---

[1] chêne *oak tree*
[2] hibou *owl*

Audio Activities

Les éléphants vont à la foire

Les éléphants vont à la foire.
Mais que vont-ils y voir?
Le gai babouin,
Qui dans l'air du matin,
Peigne ses cheveux de lin[1].

Le singe[2] tomba du banc,
Sur la trompe de l'éléphant.
L'éléphant fit atchoum
Et se mit à genoux.
Mais qu'advint-il du[3] singe
Du singe…
Du singe…
Du singe…

---

[1] lin *flax*
[2] singe *monkey*
[3] qu'advint-il du *what became of*

La Carmagnole

1   Madame Veto avait promis: *(bis)*
    De faire égorger tout Paris[1].   *(bis)*
    Mais son coup a manqué,
    Grâce à nos canonniers.

        Refrain
    Dansons la Carmagnole,
    Vive le son, vive le son,
    Dansons la Carmagnole,
    Vive le son du canon!

2   Monsieur Veto avait promis: *(bis)*
    D'être fidèle à son pays.   *(bis)*
    Mais il y a manqué,
    Ne faisons plus de quartier[2].

        (Refrain)

3   Amis, restons toujours unis: *(bis)*
    Ne craignons pas nos ennemis.   *(bis)*
    S'ils viennent nous attaquer,
    Nous les ferons sauter[3].

        (Refrain)

---

[1] faire égorger tout Paris *have everyone in Paris killed*
[2] Ne faisons plus de quartier. *Let's have no mercy.*
[3] les ferons sauter *blow them up*

Audio Activities
Copyright © by The McGraw-Hill Companies, Inc.

Bon voyage! Level 1B, Chansons de France et de Nouvelle-France ❖ **vii**

Il est né le divin enfant

Refrain
Il est né le divin enfant,
Jouez hautbois, résonnez musettes,
Il est né le divin enfant,
Chantons tous son avènement[1].

1   Depuis plus de quatre mille ans,
    Nous le promettaient les prophètes,
    Depuis plus de quatre mille ans,
    Nous attendions cet heureux temps.

    (Refrain)

2   Ah! Qu'il est beau, qu'il est charmant!
    Ah! Que ses grâces sont parfaites!
    Ah! Qu'il est beau, qu'il est charmant!
    Qu'il est doux ce divin enfant!

    (Refrain)

---

[1] avènement *coming*

Chant des adieux

1   Faut-il nous quitter sans espoir,
    Sans espoir de retour,
    Faut-il nous quitter sans espoir,
    De nous revoir un jour?

    Refrain
    Ce n'est qu'un au revoir, mes frères,
    Ce n'est qu'un au revoir,
    Oui, nous nous reverrons, mes frères,
    Ce n'est qu'un au revoir!

2   Formons de nos mains qui s'enlacent,
    Au déclin de ce jour,
    Formons de nos mains qui s'enlacent,
    Une chaîne d'amour.

    (Refrain)

3   Unis par cette douce chaîne,
    Tous, en ce même lieu.
    Unis par cette douce chaîne,
    Ne faisons point d'adieu.

    (Refrain)

4   Car Dieu qui nous voit tous ensemble,
    Et qui va nous bénir,
    Car Dieu qui nous voit tous ensemble,
    Saura nous réunir.

    (Refrain)

CHAPITRE 8

L'aéroport et l'avion

Première partie

Vocabulaire   Mots 1

Activité 1   Listen and repeat.

Activité 2   Listen and choose.

Activité 3   Listen and choose.

	1.	2.	3.	4.	5.	6.	7.	8.
un vol intérieur								
un vol international								
les deux								

Vocabulaire **Mots 2**

Activité 4 Listen and repeat.

Activité 5 Listen and choose.

à destination de   _____

international   _____

le débarquement   _____

le départ   _____

atterrir   _____

Activité 6 Listen and choose.

	1.	2.	3.	4.	5.	6.	7.
avant le vol							
pendant le vol							
après le vol							

Structure

Activité 7 Listen and answer.

Activité 8 Listen and choose.

	1.	2.	3.	4.	5.	6.	7.	8.
Hugo								
Hugo et son frère								
Ève								
Ève et Amélie								

Activité 9 Listen.

Activité 10 Listen and repeat.

Activité 11   Listen and perform!

Valérie: Demain, on part pour Tunis, Marie et moi!

Philippe: _____

Valérie: On part à onze heures.

Philippe: _____

Valérie: D'Orly. C'est la première fois que je pars d'Orly.

Philippe: _____

Valérie: Oui, en général, nous partons toujours de Charles-de-Gaulle.

Activité 12   Listen and choose.

	1.	2.	3.	4.	5.	6.	7.	8.
un(e)								
deux ou plus								

Conversation   Dans le hall des départs

Activité A Listen.

Activité B Listen and choose.

	1.	2.	3.	4.	5.	6.
vrai						
faux						

Prononciation   Le son /l/ final

Activité A Listen and repeat.

Lettres et sons   Les consonnes finales c, r, f et l

Activité B Listen, read, and repeat.

le sac

le jour   la cour   le soir   cher

neuf   soif   le bœuf   l'œuf

quel   le vol   avril

Activité C Listen and write.

—Tu pars par _____ _____ ?

—Le vol trois cent _____, ce _____.

—Moi, je préfère les vols de _____.

—Moi pas. Je dors. Et ce n'est pas _____.

Lecture culturelle On va en France.

Activité A Read and listen.

1. La classe de Mme Cadet va en France au mois de juillet.
2. Ils prennent un vol Air France.
3. Tous les élèves de Mme Cadet dorment pendant le vol.
4. Ils ne vont pas aller à Paris.
5. Leur avion atterrit à l'aéroport Charles-de-Gaulle.
6. De l'aéroport, ils prennent le métro pour aller à Paris.

Activité B Read and choose.

1. La classe de Mme Cadet va en France au mois de juillet.
2. Ils prennent un vol Air France.
3. Tous les élèves de Mme Cadet dorment pendant le vol.
4. Ils ne vont pas aller à Paris.
5. Leur avion atterrit à l'aéroport Charles-de-Gaulle.
6. De l'aéroport, ils prennent le métro pour aller à Paris.

	1.	2.	3.	4.	5.	6.
vrai						
faux						

Deuxième partie

Activité A Listen and fill in.

	Jour	N° de vol	Heure de départ	Heure d'arrivée
PARIS-BORDEAUX				
BORDEAUX-MARSEILLE				
MARSEILLE-LYON		—		—
LYON-PARIS		—		

Activité B Listen and answer.

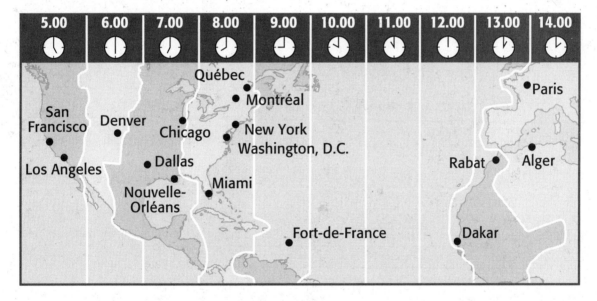

CHAPITRE 9

Nom _____ Date _____

La gare et le train

Première partie

Vocabulaire Mots 1

Activité 1 Listen and repeat.

Activité 2 Listen and choose.

1. a b c   3. a b c
2. a b c   4. a b c

Activité 3 Listen and answer.

Vocabulaire Mots 2

Activité 4 Listen and repeat.

Activité 5 Listen and choose.

1. a b c   4. a b c
2. a b c   5. a b c
3. a b c

Activité 6 Listen and choose.

	1.	2.	3.	4.	5.	6.	7.	8.	9.
un(e) employé(e)									
un voyageur / une voyageuse									
un contrôleur									

Structure

Activité 7 Listen and choose.

	1.	2.	3.	4.	5.	6.	7.	8.
une personne								
deux personnes								

Activité 8 **Listen and answer.**

Activité 9 **Listen and answer.**

Modèle

1.

2.

3.

4.

5.

6.

7.

8.

9.

10.

Activité 10 **Listen and answer.**

Activité 11 **Listen and answer.**

Conversation Au guichet

Activité A **Listen.**

Activité B **Listen and choose.**

	1.	2.	3.	4.	5.	6.
vrai						
faux						

Prononciation Les sons /õ/ et /ẽ/

Activité A **Listen and repeat.**

Lettres et sons Le son /õ/ = on Le son /ẽ/ = in, ain

Activité B **Listen, read, and repeat.**

- The sound /õ/ is spelled o-n.

  Ils montent en seconde.
  Ils vont répondre.

- The sound /ẽ/ is spelled i-n or a-i-n.

  Le prochain train est demain.
  Elle a cinq cousins.

  Notice that before p and b, n is changed to m.

  simple, composter, comptoir.

Activité C **Listen and write.**

1. Un aller s_____ple en sec_____de, s'il vous plaît.

2. C_____postez votre billet avant de m_____ter dans le tr_____.

3. Nous rép_____d_____s au c_____trôleur.

Lecture culturelle Un voyage intéressant

Activité A Read and listen.

1. Les trains font Bamako-Dakar deux fois par semaine.
2. Il faut dix heures pour aller de Bamako à Dakar.
3. On peut dormir très bien pendant le voyage.
4. On ne peut pas acheter quelque chose à manger pendant le voyage.
5. Bamako est la capitale du Mali.
6. Dakar est aussi une ville du Mali.

Activité B Read and choose.

1. Les trains font Bamako-Dakar deux fois par semaine.
2. Il faut dix heures pour aller de Bamako à Dakar.
3. On peut dormir très bien pendant le voyage.
4. On ne peut pas acheter quelque chose à manger pendant le voyage.
5. Bamako est la capitale du Mali.
6. Dakar est aussi une ville du Mali.

	1.	2.	3.	4.	5.	6.
vrai						
faux						

Deuxième partie

Activité A Listen and fill in.

	Nº train	départ	arrivée	Nº voie/quai
CLERMONT-FERRAND				
BORDEAUX				
TOULON				
MARSEILLE	—			
DIJON				

Activité B Listen and choose.

	1.	2.	3.	4.	5.	6.
le matin						
l'après-midi						
le soir						

Nom _____ Date _____

Les sports

Première partie

Vocabulaire

Activité 1 **Listen and repeat.**

Activité 2 **Listen and choose.**

_____ _____ _____ _____

_____ _____ _____ _____

Activité 3 **Listen and choose.**

   1. a b c   4. a b c

   2. a b c   5. a b c

   3. a b c   6. a b c

Vocabulaire

Activité 4 **Listen and repeat.**

Activité 5 **Listen and choose.**

   1. a b   4. a b

   2. a b   5. a b

   3. a b   6. a b

Audio Activities

Activité 6 **Listen and choose.**

	1.	2.	3.	4.	5.	6.	7.	8.
le basket-ball								
le football								
le volley-ball								

Structure

Activité 7 **Listen and choose.**

	1.	2.	3.	4.	5.	6.	7.	8.	9.	10.
présent										
passé										
futur										

Activité 8 **Listen and answer.**

Activité 9 **Listen and answer.**

Activité 10 **Listen and answer.**

Conversation **On a gagné!**

Activité A **Listen.**

Activité B **Listen and choose.**

	1.	2.	3.	4.	5.	6.
vrai						
faux						

Prononciation **Liaison et élision**

Activité A **Listen, read, and repeat.**

ils͜ont les͜équipes des͜amateurs mes͜amis
ces͜arbitres de bonnes͜équipes

l'arbitre l'équipe j'attends j'ai gagné
Tu n'écoutes pas! Qu'est-ce qu'il fait?

Vous͜avez perdu. / Vous n'avez pas perdu.
J'ai fini. / Je n'ai pas fini.

Lecture culturelle   Le hockey et le basket-ball

Activité A   Read and listen.

1. Au Québec, on joue beaucoup au hockey.
2. Le hockey ressemble un peu au volley-ball.
3. Au hockey, il faut essayer de marquer des buts.
4. En Afrique Occidentale, le sport numéro un, c'est le basket-ball.
5. Le basket-ball est un sport individuel.
6. Le basket-ball est un sport d'équipe.

Activité B   Read and choose.

1. Au Québec, on joue beaucoup au hockey.
2. Le hockey ressemble un peu au volley-ball.
3. Au hockey, il faut essayer de marquer des buts.
4. En Afrique Occidentale, le sport numéro un, c'est le basket-ball.
5. Le basket-ball est un sport individuel.
6. Le basket-ball est un sport d'équipe.

	1.	2.	3.	4.	5.	6.
vrai						
faux						

Deuxième partie

Activité A   Listen and draw.

Audio Activities

Nom _____ Date _____

L'été et l'hiver

CHAPITRE 11

Première partie

Vocabulaire   Mots 1

Activité 1   Listen and repeat.

Activité 2   Listen and choose.

Activité 3   Listen and choose.

	1.	2.	3.	4.	5.	6.	7.	8.
oui								
non								

Vocabulaire Mots 2

Activité 4 **Listen and repeat.**

Activité 5 **Listen and choose.**

_____ _____ _____ _____

_____ _____ _____ _____

Activité 6 **Listen and choose.**

	1.	2.	3.	4.	5.	6.	7.	8.
vrai								
faux								

Activité 7 **Listen and choose.**

	1.	2.	3.	4.	5.	6.	7.
le ski							
le patinage							

Structure

Activité 8 Listen and choose.

	1.	2.	3.	4.	5.	6.	7.	8.	9.	10.
avoir										
dire										
être										
faire										
lire										
mettre										
pouvoir										
prendre										
voir										
vouloir										

Activité 9 Listen and answer.

Activité 10 Listen and answer.

Conversation À la plage

Activité A Listen.

Activité B Listen and choose.

	1.	2.	3.	4.	5.	6.
vrai						
faux						

Prononciation Le son /y/

Activité A Listen and repeat.

Lettres et sons Le son /y/ = ill, il

Activité B Listen, read, and repeat.

une fille   une bouteille   juillet   un maillot   un billet

Activité C Listen and write.

J'aime beaucoup le _____, alors tous les ans, au mois de

_____, je prends mon _____, j'achète un

_____ d'avion et je vais aux Antilles!

Lecture culturelle Un petit voyage au Canada

Activité A Read and listen.

1. Les élèves de Mme Lebrun ont pris le train à New York.
2. Ils ont passé une semaine à Montréal.
3. Ils ont parlé français à Montréal.
4. Ils sont allés faire du ski au Mont-Tremblant.
5. Ils ont pris les pistes pour les débutants.
6. Ils ont été trop fatigués pour faire du patin à glace.

Activité B Read and choose.

1. Les élèves de Mme Lebrun ont pris le train à New York.
2. Ils ont passé une semaine à Montréal.
3. Ils ont parlé français à Montréal.
4. Ils sont allés faire du ski au Mont-Tremblant.
5. Ils ont pris les pistes pour les débutants.
6. Ils ont été trop fatigués pour faire du patin à glace.

	1.	2.	3.	4.	5.	6.
vrai						
faux						

Deuxième partie

Activité A Listen and choose.

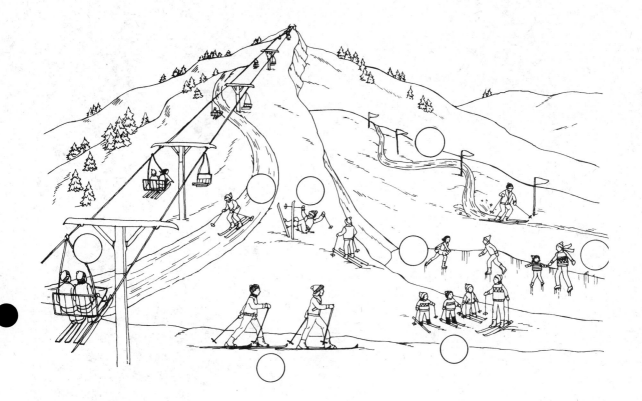

CHAPITRE 12

Nom _____ Date _____

La routine quotidienne

Première partie

Vocabulaire Mots 1

Activité 1 **Listen and repeat.**

Activité 2 **Listen and choose.**

_____ _____ _____

_____ _____ _____

Activité 3 **Listen and choose.**

	1.	2.	3.	4.	5.	6.	7.	8.	9.	10.
la chambre à coucher										
la salle de bains										
la cuisine										

Vocabulaire Mots 2

Activité 4 **Listen and repeat.**

Activité 5 **Listen and answer.**

Activité 6 Listen and choose.

	1.	2.	3.	4.	5.	6.	7.	8.
le frigidaire								
le lave-vaisselle								
la télévision								
le magnétoscope								
la télécommande								

Structure

Activité 7 Listen.

Activité 8 Listen and repeat.

Activité 9 Listen and perform!

Laurent: Tu te lèves à quelle heure le matin?

Jean-Marc: _____

Laurent: À quelle heure tu te lèves?

Jean-Marc: _____

Laurent: Et tu quittes la maison à quelle heure?

Jean-Marc: _____

_____

Laurent: Tu ne t'habilles pas?

Jean-Marc: _____

Activité 10 Listen and answer.

Activité 11 Listen and answer.

Activité 12 Listen and choose.

	1.	2.	3.	4.	5.	6.	7.	8.
présent								
passé								

Activité 13   Listen and answer.

Activité 14   Listen and answer.

Conversation   Quelle interro?

Activité A   Listen.

Activité B   Listen and choose.

	1.	2.	3.	4.	5.	6.
vrai						
faux						

Prononciation   Les sons /s/ et /z/

Activité A   Listen and repeat.

Lettres et sons   Le son /s/ = voyelle + ss + voyelle

Le son /z/ = voyelle + s + voyelle

Activité B   Listen, read, and repeat.

cousin   poison   désert
coussin   poisson   dessert

Activité C   Listen and write.

1. _____

2. _____

Lecture culturelle   La famille Ben Amar

Activité A   Read and listen.

1. Au Maghreb, on parle français.
2. La religion musulmane est la deuxième religion en France.
3. Toute la famille Ben Amar habite dans le même immeuble.
4. Mme Ben Amar ne travaille pas à l'extérieur.
5. Les Ben Amar rentrent chez eux pour le déjeuner.
6. Quand les enfants rentrent de l'école, ils vont chez leur grand-mère.

Activité B Read and choose.

1. Au Maghreb, on parle français.
2. La religion musulmane est la deuxième religion en France.
3. Toute la famille Ben Amar habite dans le même immeuble.
4. Mme Ben Amar ne travaille pas à l'extérieur.
5. Les Ben Amar rentrent chez eux pour le déjeuner.
6. Quand les enfants rentrent de l'école, ils vont chez leur grand-mère.

	1.	2.	3.	4.	5.	6.
vrai						
faux						

Deuxième partie

Activité A Listen and choose.

  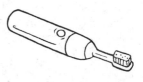

_____   _____   _____

_____   _____

_____   _____

CHAPITRE 13

Nom _____ Date _____

Les loisirs culturels

Première partie

Vocabulaire Mots 1

Activité 1 Listen and repeat.

Activité 2 Listen and choose.

	1.	2.	3.	4.	5.	6.	7.	8.
un film de science-fiction								
un documentaire								
un film d'amour								
un film policier								
une comédie								
un film d'aventures								
une comédie musicale								
un opéra								

Vocabulaire Mots 2

Activité 3 Listen and repeat.

Activité 4 Listen and choose.

	1.	2.	3.	4.	5.	6.	7.	8.	9.	10.	11.	12.
au musée												
au cinéma												

Structure

Activité 5 Listen and choose.

	1.	2.	3.	4.	5.	6.	7.	8.
connaître								
savoir								

Audio Activities

Activité 6   Listen and answer.

Activité 7   Listen and choose.

	1.	2.	3.	4.	5.	6.	7.	8.
un garçon								
une fille								
un garçon et une fille								

Activité 8   Listen and answer.

Activité 9   Listen and answer.

Activité 10   Listen and answer.

Activité 11   Listen and answer.

Conversation   On va au cinéma?

Activité A   Listen.

Activité B   Listen and choose.

	1.	2.	3.	4.	5.	6.
vrai						
faux						

Prononciation   Le son /ü/

Activité A   Listen and repeat.

Lecture culturelle   Les loisirs culturels en France

Activité A   Read and listen.

1. Au musée d'Orsay, il y a de vieux trains.
2. Le centre Pompidou est un musée d'art moderne.
3. Les musées sont combles le dimanche.
4. L'architecture de l'opéra Bastille est moderne.
5. On joue des opéras à la Comédie-Française.
6. La Comédie-Française est le plus vieux théâtre national du monde.

Audio Activities

Bon voyage! Level 1B, Chapitre 13 ⚜ A61

Activité B Read and choose.

1. Au musée d'Orsay, il y a de vieux trains.
2. Le centre Pompidou est un musée d'art moderne.
3. Les musées sont combles le dimanche.
4. L'architecture de l'opéra Bastille est moderne.
5. On joue des opéras à la Comédie-Française.
6. La Comédie-Française est le plus vieux théâtre national du monde.

	1.	2.	3.	4.	5.	6.
vrai						
faux						

Deuxième partie

Activité A Listen and choose.

	1.	2.	3.	4.	5.	6.	7.
à l'opéra							
à un concert de rock							
au cinéma							
à une exposition							
au zoo							
au théâtre							
à une discothèque							

Activité B Listen and fill in.

La Chartreuse de Parme	L M M J V S D	12 h	14 h	16 h	18 h	20 h 22 h
Le Rouge et le Noir	L M M J V S D	12 h	14 h	16 h	18 h	20 h 22 h
Les Orgueilleux	L M M J V S D	12 h	14 h	16 h	18 h	20 h 22 h
Pot Bouille	L M M J V S D	12 h	14 h	16 h	18 h	20 h 22 h

CHAPITRE 14

Nom _____ Date _____

La santé et la médecine

Première partie

Vocabulaire Mots 1

Activité 1 **Listen and repeat.**

Activité 2 **Listen, read, and repeat.**

allergique	un sirop
bactérien, bactérienne	de l'aspirine
viral(e)	une infection
une allergie	de la pénicilline
un antibiotique	la température

Activité 3 **Listen and choose.**

_____ _____

_____ _____

Activité 4 **Listen and choose.**

_____ _____ _____

Activité 5 **Listen and repeat.**

Vocabulaire Mots 2

Activité 6 **Listen and repeat.**

Activité 7 **Listen and choose.**

1. a b c   6. a b c
2. a b c   7. a b c
3. a b c   8. a b c
4. a b c   9. a b c
5. a b c   10. a b c

Structure

Activité 8 **Listen and answer.**

Activité 9 **Listen and answer.**

Activité 10 **Listen and choose.**

	1.	2.	3.	4.	5.	6.
à un enfant						
à un adulte						

Activité 11 **Listen and answer.**

Activité 12 **Listen and answer.**

Conversation Chez le médecin

Activité A Listen.

Activité B Listen and choose.

	1.	2.	3.	4.	5.	6.
vrai						
faux						

Prononciation Les sons /u/ et /ü/

Activité A Listen and repeat.

Lecture culturelle Une consultation

Activité A Read and listen.

1. Les médecins de S.O.S. Médecins ne travaillent pas le week-end.
2. Les médecins de S.O.S. Médecins font des visites à domicile.
3. Quand on prend des antibiotiques, il faut en prendre trois par jour.
4. Mélanie ne paie pas le médecin de S.O.S.
5. En France, la Sécurité Sociale paie les médecins.
6. La Sécurité Sociale rembourse les honoraires des médecins.

Activité B Read and choose.

1. Les médecins de S.O.S. Médecins ne travaillent pas le week-end.
2. Les médecins de S.O.S. Médecins font des visites à domicile.
3. Quand on prend des antibiotiques, il faut en prendre trois par jour.
4. Mélanie ne paie pas le médecin de S.O.S.
5. En France, la Sécurité Sociale paie les médecins.
6. La Sécurité Sociale rembourse les honoraires des médecins.

	1.	2.	3.	4.	5.	6.
vrai						
faux						

Deuxième partie

Activité A Listen and choose.

	quantité	moment de la journée	nombre de jours
antibiotique			
suppositoires			
vitamine C			